Nueve meses y un día

ANA GARCÍA-SIÑERIZ

Nueve meses y un día

Todo lo que necesitas saber (de verdad) sobre el embarazo y la maternidad

mr ediciones martínez roca

Primera edición en esta presentación: octubre de 2012

El papel utilizado para la impresión de este libro es cien por cien libre de cloro y está calificado como papel ecológico

Diseño de interior y de cubierta: Diego Carrillo

Ediciones Martínez Roca es un sello editorial
de Ediciones Planeta Madrid, S. A.
Paseo de Recoletos, 4. 28001 Madrid
www.mrediciones.com
www.planetadelibros.com

ISBN: 978-84-270-3913-1
Depósito legal: M. 30.411-2012
Composición: Safekat, S. L.
Impresión: Artes Gráficas Huertas, S. A.
Impreso en España-Printed in Spain

Ediciones anteriores en otra presentación:
Primera edición: septiembre de 2000

Para Victoria, Ana María y Chloé

ÍNDICE

INTRODUCCIÓN

LA MUJER ORQUESTA

bla bla bla
bla

Una experiencia única

La maternidad es una experiencia universal. Iguala a las mujeres de los cinco continentes, razas, situación social, capaces de encontrar un punto de sintonía, a pesar de sus diferencias, desde que se menciona la palabra «hijo». Hace tiempo, me dediqué a elaborar información de cine, y entrevisté a muchas de las actrices norteamericanas que, antes o después, han dado un giro a sus vidas y a sus carreras asumiendo un nuevo papel: el de madres. Unas con una prole numerosa, como Angelina Jolie, otras por la vía natural y la de la subrogación, como Sarah Jessica Parker, otras, de maternidades tardías, como Anette Bening, o tan precoces como Britney Spears.

Todas estas mujeres coincidían en dos frases. Una, la tópica: «Lo que más me atrajo de este proyecto fue el guión...», aun cuando no se tratara de un proyecto con Scorsese o Coppola sino la enésima secuela de *Los albóndigas en remojo*. Y el otro es la constatación de cómo les ha cambiado su vida la maternidad: «Una experiencia única».

Dejemos aparte lo del guión y centrémonos en l a «experiencia única». Puedo dar fe de que, aunque pueda parecer un tópico, es algo bien cierto. No importa si es japonesa o de la Patagonia, actriz de cine, abogada o jornalera: cuando una mujer espera un hijo querido, buscado, pasan por su mente y por su cuerpo sensaciones, pensamientos e incluso —todo hay que decirlo— angustias parecidas. Muchas de las cuestiones que se plantean en sus cabezas solo encontrarán respuesta en los consejos de los médicos, o de los psicólogos. Otras se solucionan hablando con las amigas, con una hermana o con una desconocida que luce un vientre de similares proporciones. Pocas cosas unen tanto como compartir las náuseas del primer trimestre.

Durante mi primer embarazo estudié concienzudamente todos los libros sobre el tema que

caían en mis manos, buscando algún truco infalible para los mareos que, como comprobé, no solo son matutinos, sino que duraban tanto como se esté despierta: el sueño profundo fue mi única medicina. Después, interrogué al doctor sobre las pequeñas molestias que iban «despertándose» según avanzaba la gestación. Leí todos los artículos médicos que, con una frecuencia cada vez mayor, publicaban los diarios. Me agencié en el quiosco las revistas *Ser padres*, *Crecer feliz*, *Tu embarazo*, *Mi bebé* y los especiales del primer año de vida, los nueve meses paso a paso, en fin, todo lo que había a disposición de las embarazadas compradoras compulsivas y ávidas de saber si a los cuatro meses el feto tiene ojos o ya distingue a Vivaldi de Beethoven. Y por supuesto, como hace la mayoría de las futuras madres, me pasé las horas muertas compartiendo confidencias, miedos y consejos con otras amigas que, o estaban en las mismas circunstancias, o habían pasado por ellas recientemente. Y es que, por la razón que sea, en un plazo de dos meses, siete mujeres de mi entorno inmediato dieron a luz. Los demógrafos dirán lo que quieran, pero cuando vas con un cochecito no haces más que ver a otros bebés...

La idea de juntar la información de todas estas fuentes surgió durante el segundo embarazo. Este libro se inició en el cuarto mes y tuvo su punto final cuando la niña pasó al biberón tras la baja de maternidad. En total, nueve meses de escritura alternada con papillas al primer niño y visitas médicas prenatales para la segunda. La información es de primera mano, pero que nadie espere encontrar todas las respuestas. Solo lo que una buena amiga compartiría de su propia experiencia, desde el punto de vista práctico: el de una mujer que quiere cuidar de sus hijos sin dejar de trabajar y manteniéndose en plena forma, pero en ese orden. Y, como descubrirán aquellas que esperan su primer niño, por mucho que haya momentos en que combinar los nueve meses de gestación con las obligaciones laborales no sea tarea fácil, lo más difícil empieza cuando te llega el bebé.

Combinar familia y trabajo no es fácil, ahí está el eterno debate sin resolver de la conciliación. Muchas veces se tiene la dolorosa sensación de no hallarnos donde debíamos estar. Por ejemplo, cuando el niño tiene cuarenta de fiebre y nos llaman cada cinco minutos para informarnos de que no baja, y que no baja; este es el momento en que normalmente una madre balbucea una excusa y se larga de donde esté sin dar más explicaciones, confiando en que el resto del personal también sea madre o, lo que suele ser más frecuente, padre. Estos no dejan, por lo general, ninguna reunión porque la niña esté ardiendo. Discúlpenme los que sí lo hacen, el resto se queda porque sabe que lo hará su mujer.

En fin, que se es madre antes que directora general o bailarina del Paralelo. Entonces es cuando una cae en la cuenta de qué es eso de la «doble jornada» o de la «asignatura pendiente del feminismo» o incluso de las propiedades del tiempo, que, además de todo lo que nos descubrió Einstein, es elástico, porque una madre que trabaja consigue que sus horas se multipliquen por dos. Afortunadamente, puedo decir que en los diez años transcurridos desde que se publicó este libro, algo ha cambiado. Si no las ayudas públicas y la voluntad política, sí el comportamiento de muchos hombres que se han incorporado al trabajo de padres con plena dedicación.

Cuando nace el niño, nuestra vida cambia para siempre. Por todo esto, es importante ir preparando el cuerpo y la mente para lo que se nos viene encima. La naturaleza es sabia y tenemos nueve meses por delante para entrenarnos para este maratón. Vivir una gestación en toda su plenitud puede ser uno de los momentos más bellos en la vida de una mujer. Sin olvidar que después de dar a luz la vida continúa y además de cuidar nuestra salud, la del bebé y prepararnos psicológicamente para nuestra nueva vida de 2+1, hay que prepararse para recuperar nuestro estado físico y, en lo posible, nuestra vida.

Este libro está plagado de consejos probados, no ante notario; pero quienes los ofrecen lo hacen porque en su momento funcionaron.

MÁSTER EN ORGANIZACIÓN

La clave del éxito en la combinación trabajo-maternidad radica en una palabra: organización.

No hace falta imponerse una disciplina militar pero sí tenerlo todo previsto. Es un cambio respecto al estatus de pareja-sin-hijos-y-vida-profesional-intensa-con-salidas-nocturnas-sin-planificar, pero las circunstancias obligan.

Al igual que se preparan la habitación del bebé, la canastilla y hasta los músculos de nuestro abdomen, no está de más empezar a pensar cuándo queremos o podemos reincorporarnos al trabajo, si vamos a hacer uso del tiempo de lactancia, informarnos de los procedimientos burocráticos que exige la baja, cómo aprovechar de la mejor manera posible nuestro permiso de maternidad y conocer las posibilidades de prolongarla que existen para el primer año de vida del niño respecto a las empresas.

MÁSTE EN ORGANIZACIÓN

CAPÍTULO

1

UNA NUEVA SILUETA

1

Cómo se transforma nuestro cuerpo

Desde la aparición de dos líneas rosas en la prueba de embarazo, todavía pasarán algunas semanas hasta que empecemos a notar algún cambio físico. Las menos afortunadas se despertarán en breve como si hubieran recorrido todos los bares de moda fumando dos cajetillas y bebiendo como cosacas. No, no es resaca, pero se parece y puede durar desde el primer mes hasta el día del parto. Lo normal es que a partir del cuarto mes esa desagradable **sensación de vértigo acompañada de náuseas** y, a veces, vómitos desaparezca gradualmente.

Pero hay quien, en vez de languidecer entre arcada y arcada, se fortalece y descubre un apetito que ni Carpanta. En este caso, enhorabuena por partida doble.

Para las **molestias matutinas** o a tiempo completo, todavía, por mucho que digan, no han inventado nada eficaz e inocuo. Existen algunos jarabes que, tomados la noche anterior, atenúan las náuseas. Los antiácidos hacen algo si consigues ingerir un sobre completo cuando eres presa de las arcadas, y una alimentación rica en hidratos de carbono parece que ayuda a no ponerte peor. Está claro que unos callos no te harán sentir mejor ni lo más mínimo. En cualquier caso, los medicamentos existentes siempre deben tomarse bajo prescripción médica.

Por otro lado, cada una descubre lo que le alivia. Una amiga comía compulsivamente galletas y chocolate. Otra, miga de pan. Yo misma, como no podía tragar nada sólido y me daba pena matar de hambre a mi pobre hijo, devoraba «potitos» infantiles cada vez que notaba agitarse mis jugos gástricos en pie de guerra.

También hay un método infalible: el estrés agudo. En situaciones de máxima tensión, las náuseas desaparecen. Pero este sistema no es nada recomendable.

Por orden cronológico, el primer cambio visible que perciben algunas mujeres es que un día, después de la ducha, ven como **sus venas y arterias se hacen visibles** en todo el tronco. Líneas violetas más o menos gruesas. Y no es necesario ser de «sangre azul» para advertir este fenómeno. Es síntoma de que el torrente sanguíneo se pone en marcha para acoger a un nuevo ser que también tiene sus necesidades.

Según la constitución de cada mujer, antes o después notará como **su vientre se va hinchando**. Esto puede no ocurrir hasta casi el quinto mes si se trata del primer bebé. A partir del segundo embarazo o has sido miembro del equipo de gimnasia rítmica o la falda no te abrocha prácticamente desde que te da positivo el «predictor»...

En mujeres delgadas, el embarazo solo suele ser evidente a partir de una fecha bien avanzada, aunque se empeñen en que están «gordísimas»; en las más rellenitas, el bebé puede confundirse con algún kilo de más. Hasta el cuarto mes es fácil que un embarazo pase inadvertido para todos salvo para la interesada.

A causa de esta hinchazón, **la piel del abdomen** comienza a estirarse y, por consiguiente, a picar. Esto va desde ligeros picorcillos hasta un prurito insoportable. Es el momento de apretar a fondo el tubo de la crema antiestrías e hidratar bien la piel, primero, para que no pique, y segundo, para evitar que aparezcan esos surcos violeta que luego no hay quien los haga desaparecer.

Lo de las estrías es como lo de las náuseas. Por el momento, es el precio que hay que pagar a cambio de las innumerables satisfacciones de la maternidad. Se pueden intentar atenuar, pero si tu piel no resiste la distensión de nueve meses y unos cuantos kilos de más, una vez que han aparecido, lo único que puede hacerse es intentar que sean menos visibles o recurrir a soluciones más drásticas que un aceite con masaje circular...

ALERTA: BODY

No hay que dejar estos cuidados ni un solo día. La piel del vientre aguanta hasta que deja de hacerlo. Hay quien ha visto como se le «rompía» la piel de alrededor del ombligo una semana antes del parto.

En cualquier caso, la sequedad es extensible al resto de la piel, con lo que conviene invertir en una buena crema hidratante para cara y cuerpo. Tener la piel grasa puede resultar en este caso un alivio. Y **el pelo y las uñas**, por lo general, se ponen mucho más bonitos a lo largo de estos nueve meses. Después del parto es otro cantar.

Conviene elegir productos sin olores —las embarazadas tienen sus «manías»—, pero sobre todo, y más importante, sin agentes químicos.

El pecho también sufre una hinchazón y un aumento paulatinos. Hasta las menos dotadas tendrán la ocasión de verse convertidas en mini Pamelas Anderson sin necesidad de recurrir a los implantes de silicona. Lo mejor es usar la talla adecuada de sujetador, en lugar de llevar los antiguos a punto de estallar.

La lactancia natural es la mejor alimentación que podemos dar a nuestros hijos. La composición de la leche materna va variando según las necesidades del bebé. Ni la mejor marca llega a tanto. Dar el pecho, sobre todo si es la primera vez, requiere paciencia, beber mucho líquido y comer bien. Si además una enfermera amable nos da un par de consejos de cómo sujetar al niño, mejor que mejor.

No está demostrado que dar el pecho perjudique el aspecto del mismo. Pero sí es beneficioso a la hora de prevenir enfermedades y trastornos en la mujer.

Lo que es seguro es que todos los cuidados son pocos para una zona tan delicada. Es importantísimo hidratar bien la piel del escote, pues es el único y mejor sujetador natural del que disponemos. Y en algunos casos, las matronas recomiendan dormir con esta prenda, algo no demasiado cómodo, pero a lo que llegas a acostumbrarte. Sobre todo si el sujetador, a la vez que eficaz, resulta confortable...

La cara también cambia. Desde la hinchazón que provoca el aumento de peso hasta unos labios más gruesos —también sin necesidad de quirófano— o la poco estética aparición de un bigote sin pelos, formado por una mancha de exceso de pigmentación encima del labio superior a la que también se llama «paño» o **cloasma**. Mejor intentar evitar que aparezca que afanarse en hacerlo desaparecer. Lo mejor, utilizar cremas con índice de protección solar alto en verano e invierno. Una vez que ha aparecido el «mostacho», lo más prudente es esperar a tiempos mejores y a cremas de choque. Para taparlo, un toque de corrector de color verdoso (sí, sí, verde) debajo de una base de maquillaje puede hacer algo. Eso sí, ojo, porque este truco de profesional, si no está bien hecho, puede convertir a la embarazada en un pariente no muy lejano del increíble Hulk...

2

Mes a mes

Hay mujeres que sufren todas y cada una de estas molestias. Otras, simplemente ven como su vientre y sus pechos se hinchan y su apetito aumenta mientras están mejor que nunca. ¡Suerte!

Primer mes →

- sin cambios
- exceso de saliva (ptialismo)
- cansancio, somnolencia
- acidez
- tensión mamaria
- sangrados al implantarse el óvulo en el útero

Segundo mes →

- tensión mamaria
- picor en el vientre
- venas más visibles
- pueden aparecer náuseas y molestias estomacales
- visitas frecuentes al cuarto de baño
- dolor de cabeza
- desmayos

Tercer mes →

- vientre hinchado
- más picores
- siguen (o no) las mismas molestias del segundo mes
- aumento del apetito

Cuarto mes →

- embarazo más evidente
- aumento de pecho
- cabello más brillante
- hemorragias nasales y encías que sangran al lavarse los dientes
- rostro de «embarazada»
- venitas varicosas

Quinto mes →

- línea «alba» (oscurecimiento de la línea del ombligo)
- cambios de pigmentación de la cara
- estreñimiento
- calambres en las piernas
- hinchazón de tobillos, manos, etc.
- movimientos fetales

Sexto mes →

- vientre más protuberante
- hinchazón del rostro

Séptimo mes →

- pies hinchados
- dolor de espalda
- torpeza
- dolor en las articulaciones
- insomnio

Octavo mes →

- todo lo demás sumado a una sensación de ahogo
- incontinencia

Noveno mes →

- tras el parto, todo (o casi todo) desaparece

¿VERDADERO O FALSO? NIÑO O NIÑA

El embarazo es una época ideal para que todos nuestros conocidos nos bombardeen con su gran experiencia sobre el mismo, como se suele hacer con la tele, el Gobierno de una nación o la táctica para ganar la Liga. Desde el «Seguro que es un chico, porque estás mucho más guapa», hasta el «Es niña. Te lo digo yo. Ya has perdido la cintura».

Para conocer el sexo del bebé, aparte de las pruebas como la amniocentesis, solo se puede uno fiar de la ecografía y la valoración del ginecólogo.

Y lo de que se puede saber el sexo del bebé por si la tripa es picuda o no... La forma del vientre depende de la constitución física y de la fortaleza de los músculos. A partir del segundo embarazo la tripa se «desparrama», y cambia la forma respecto al primero. Por tanto, valor científico: cero.

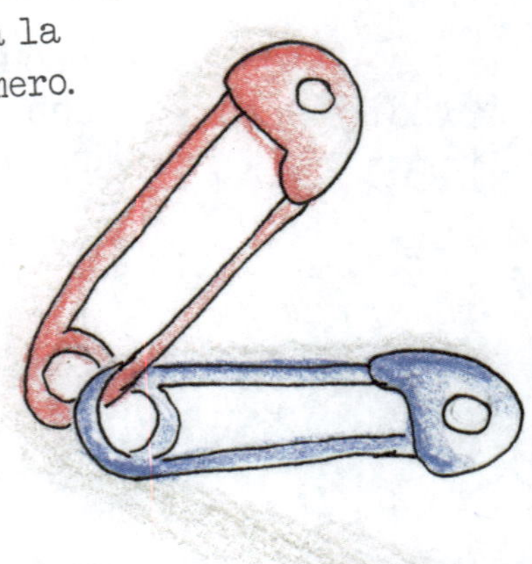

3

¡Nada que ponerme!

Hay quien nada más ver un positivo en un test de embarazo corre a comprarse el vestuario completo a la tienda premamá más cercana. ¡Craso error! Tenemos muchos meses por delante para hartarnos de las gomas en la cintura, las camisetas por fuera y los zapatos cómodos..., y aunque con el primer bebé haga mucha ilusión y queramos contárselo a todo el mundo, al menos los tres primeros meses pueden, perfectamente, pasarse con nuestra ropa habitual, y los dos siguientes, aprovechando lo que tenemos.

Después del parto aborreceremos esas prendas, por lo que no es necesario hacerse con un nuevo vestuario. Pero sí es importante sentirse atractiva, por lo que hay que evitar verse disfrazada durante nueve meses.

Prendas básicas

VERANO

- Dos vestidos amplios. Sirven los trajes «normales», un poco anchos o con corte bajo el pecho.
- Un pantalón negro o blanco. Combinado con una camisa blanca, bisutería y un buen zapato, sirve para la noche. Por el día, con cualquier camisa o camiseta amplia.
- La camisa blanca, mencionada anteriormente. Mejor de estilo masculino.
- Unas bailarinas o unas sandalias planas.

INVIERNO

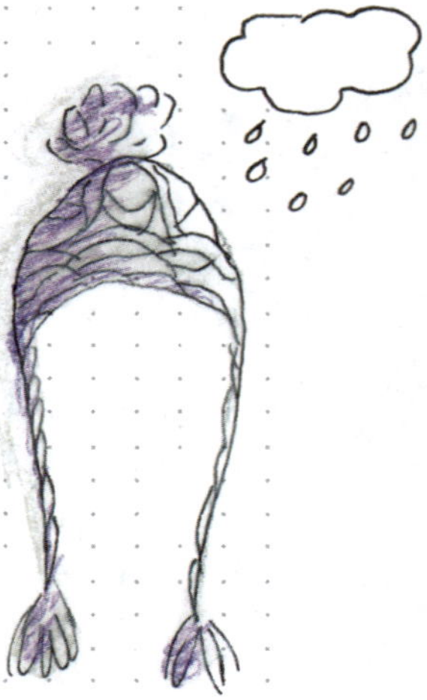

- Un chaquetón amplio o abrigo corto. Con uno largo y una gran barriga se compone una extraña figura...
- Un chal bien caliente.
- Un fular, para animar las camisas y disimular la tripa.
- Una chaqueta tipo levita. Alarga la figura; combinada con falda y un buen zapato, queda elegante.
- Una falda negra o gris elástica de largo a la rodilla. Sirve para todo.
- Un vestido negro de manga corta o tirante ancho. Es elegante y con unas sandalias bonitas y bisutería llamativa siempre queda bien.
- Pantalón (sin peto) negro y recto.
- Unas botas planas.

NOTA: todo esto es combinable con miles de suéteres o camisas que podemos sacar de nuestro armario o del de nuestro marido, novio, hermano, etcétera.

SI

- **Los complementos**, eso de lo que siempre hablan las revistas de moda. Hoy más que nunca, cuando estamos «condenadas» a llevar la misma faldita gris marengo por la rodilla y la misma camisa blanca por fuera, la diferencia la marca el calzado –quienes tengan los pies hinchados como botas se reirán al leer estas líneas, pero incluso en este caso, podemos llevar unos zapatos bonitos de ¡hasta dos números más que el nuestro!–, un buen suéter, unos pendientes llamativos o un bolso estupendo. Además, en la cara no nos sale ninguna tripa. Y quienes tengan piernas de estrella de cine, que sigan explotándolas; o un buen escote, eso sí, sin parecer una vedette fuera de cuentas...

- **Los armarios ajenos** –hermanas, amigas, maridos...– son, en muchos casos, la salvación de la embarazada.

- **Un solo color.** Cuantos menos estampados llevemos, mejor. Es el momento de explotar lo que en las revistas de moda llaman el «total look». Del mismo color arriba y abajo, alarga.

NO

- ✕ Las mallas solo con el trasero tapado. Ojo con parecernos a Obélix.
- ✕ El peto vaquero cuenta con muchas adeptas. Puede resultar gracioso y práctico cuando no se sabe cómo vestirse. Pero si tenemos que ir arregladas, con este tipo de monos resulta imposible. Y además hace el doble de gorda...; dejémoslo para los ratos de ocio, combinado con unas zapatillas de deporte y una camiseta blanca.
- ✕ Cargarnos de ropa premamá. La ropa que compremos especialmente para este período de nuestras vidas, podemos guardarla para sucesivos embarazos o, si tenemos pensado olvidar estos meses para siempre, hay muchas tiendas premamá en las que se comprometen a reducir la talla una vez perdidos los kilos.

4 saber llevar la tripa

Componer una bonita figura con un bombo y casi diez kilos de más repartidos por todo el cuerpo no es tarea fácil. Una mala posición durante todos estos meses provoca, aparte de una estampa desastrosa, dolores de espalda y de extremidades. El «saber estar» embarazada también tiene sus trucos.

De pie

La imagen «típica» de la embarazada, con la mano en el riñón, sacando tripa y arqueada hacia atrás es el ejemplo de cómo NO debemos colocarnos. Esta posición te carga más la zona dorsal y lumbar (aparte de ser antiestética). Acabas, de verdad, doblada.

De hecho, la postura ideal es justamente la contraria.

- Pies firmemente colocados en el suelo.
- Pelvis ligeramente basculada hacia delante.
- Glúteos apretados.
- Estómago contraído con el vientre hacia dentro.

Si mantenemos esta posición, contribuimos a fortalecer los abdominales sin hacer demasiado esfuerzo y nuestra espalda, además de nuestra figura, sale beneficiada.

> Sentadas

Es una variación de la posición anterior.

— Estómago apretado hacia la espalda.

— Lumbares pegados al respaldo.

— Espalda pegada contra el respaldo.

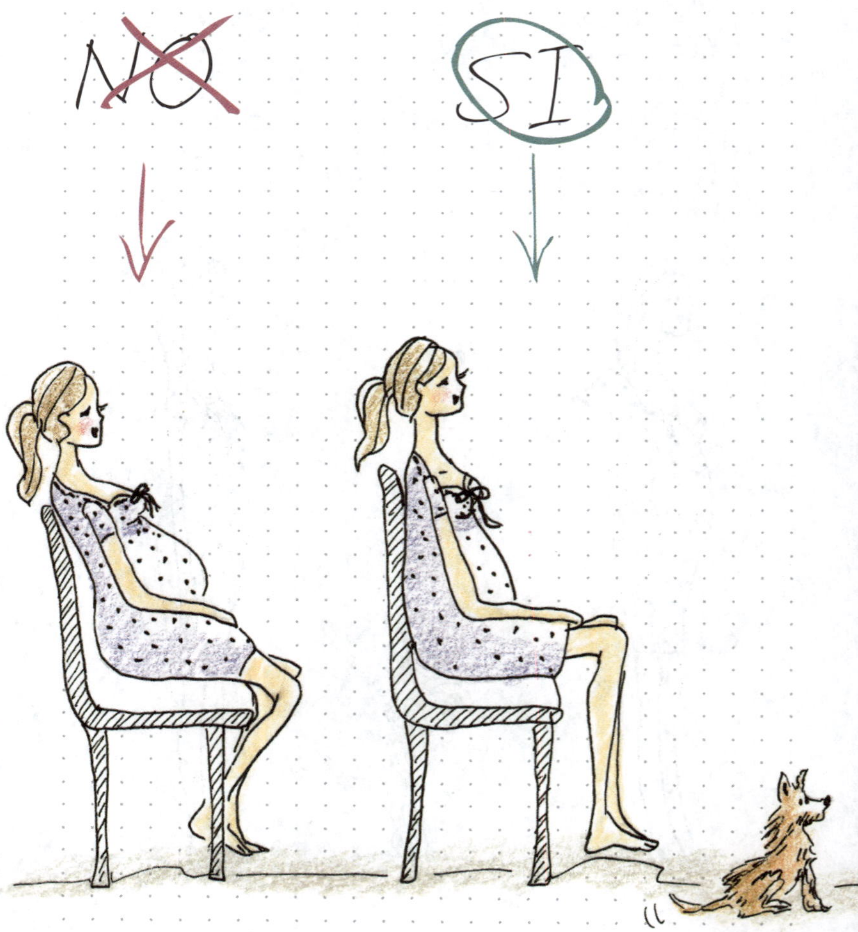

Para favorecer la circulación de las piernas, obviamente, es mejor **no cruzarlas**. Y para descansar, se pueden colocar (si estamos sentadas en un despacho o en un avión, o de copilotos en un coche) encima de una papelera o un bolso que las levante unos treinta centímetros.

Tumbadas

Como más cómoda estés...

TRUCO:
ACTIVAR LA CIRCULACIÓN

Tumbadas sobre la espalda y con las piernas formando una escuadra de noventa grados con nuestro cuerpo.
Es la mejor manera de descargar las piernas y mejorar la circulación.

5
Cuidados básicos

El embarazo es una época de cambios, pero estos no tienen por qué ser a peor. La felicidad, la ilusión, y en muchos casos la plenitud que aporta nuestro nuevo estado, embellecen, de verdad, a muchas mujeres. Y si estás leyendo estas líneas en la duodécima semana, presa de las náuseas y con una cara realmente macilenta, espera a ver cómo cambias en el segundo trimestre. ¡Estarás espléndida!

› Piel

* Los cambios hormonales no solo afectan al volumen sino también a la calidad de nuestra piel, aunque no hay una pauta fija. En algunas mujeres, esta tiende a resecarse. En otros casos, gracias a los efectos de las hormonas, se vive una segunda adolescencia. Son solo nueve meses...
* Es importante hidratarse bien la cara y, sobre todo, evitar, en la medida de lo posible, la aparición de manchas, en algunos casos agravadas por la exposición al sol.

* En verano, por supuesto, hay que prevenir con cremas de protección solar, con un factor mínimo de quince, y aplicarla también en el pecho y el vientre. El sol reseca y acentúa la deshidratación, lo que puede contribuir a que salgan más estrías.
* Y en invierno también es conveniente utilizar una crema hidratante de día.
* Es cierto que es un poco pesado empezar el día embadurnándonos de cremas por todas partes. Pero pensemos en los efectos preventivos y que, seguramente, estaríamos peor si no lo hiciéramos. ¡Qué remedio!

Pelo

Si no tenemos la figura de una *top model*, sí podemos lucir la melena de una de ellas. Además, en la mayoría de las cabelleras, nuestro nuevo «estatus hormonal» actúa de tónico revitalizante y de abrillantador sin necesidad de ponerse ningún producto carísimo.

Un pelo impecable dice mucho, y una bonita melena puede hacer aún más atractivas a muchas mujeres.

Músculos

Una buena musculatura abdominal es mejor que cualquier faja. Y en estos momentos, aún más importante. No solo «contiene» al bebé de manera que el vientre no caiga demasiado, sino que sujeta la espalda y evita dolores. Además, en el momento del parto, junto con los músculos de la zona perineal, los abdominales son los encargados de «empujar» al bebé hacia el mundo exterior.

Por si fuera poco, un estómago firme y elástico se recupera antes y más fácilmente. Por todas estas razones, no está de más dedicar algo de tiempo a cuidar el *body*, sin llegar a los extremos de algunas divas del cine obsesionadas por su aspecto.

Pecho

El aumento de volumen y posterior reducción puede acarrear su caída o la aparición de estrías. Pero como en muchas otras cosas, no hay regla fija. Lo más sensato es cuidar esta zona lo máximo posible, y después, confiar en nuestros genes y en la madre naturaleza...

RECOMENDACIONES:

- Utilizar un sujetador de la talla adecuada y que «sujete» de verdad —aunque sin oprimir— a medida que el volumen del pecho va aumentando. Lo mejor es pedir consejo en una corsetería de toda la vida, y comprar ya las prendas que se abren para facilitar la lactancia (¡así no hay que gastar doble!).
- La ducha escocesa —alternar chorros de agua caliente y fría— es excelente, si la aguantas...
- Proteger la piel del sol.
- Hidratar bien el escote y utilizar una crema antiestrías en el pecho.
- Mantener la espalda derecha y una buena postura. A veces, las costuras de la ropa interior sintética producen alergias e irritaciones.
- Hacer ejercicios específicos para la zona.

> Músculos perineales

En otros países la Seguridad Social reembolsa a las madres recientes varias sesiones con un especialista para reeducar la zona perineal —los músculos que «empujan» al niño hacia el exterior—. Tras el parto, y sobre todo después de varios, esta área puede quedar ligeramente laxa, provocando en algunas mujeres problemas, entre otros, futura incontinencia urinaria.

Para mantener la musculatura, hay un ejercicio muy sencillo al que se ha llamado «stop-pipí» y que, como su nombre indica, consiste en interrumpir de diez a quince veces el chorro de orina mientras se hace pis. Es un poco prosaico, pero resulta eficaz y más fácil no puede ser. Y desde luego, es algo que hay que tomar en serio. Nadie habla de ello, pero un treinta por ciento de las mujeres sufre, en algún momento de su vida, este problema.

> Boca

El dicho de «cada hijo, un diente», por fortuna, ya no es cierto. Durante el embarazo las encías sufren alteraciones, el pH de la saliva cambia y puede provocar más caries. Lo ideal sería acudir a una revisión con el dentista antes del embarazo, y a otra después.

Es el momento —todos lo son— de cuidar nuestra boca al máximo.

Peso

Hay médicos que cada vez que los visitas ponen el grito en el cielo si has engordado doscientos gramos más de lo que te corresponde. Aunque también se da el caso contrario: madres que se resisten a engordar, sea voluntaria o involuntariamente.

El peso es tan diferente como cada mujer lo es respecto a otra. Hay unas cuantas obviedades de cajón: engordar treinta kilos en un embarazo es excesivo y seis, muy poco. Pero en esto también hay modas. Desde el famoso «kilo por mes», que no es apto para las más altas, hasta los siete que recomendaban en tiempos de nuestras madres, claramente insuficientes.

El sentido común de cada una, combinado con el del médico, indica cuándo los kilos se instalan en los michelines en vez de en el cuerpo del bebé, y cuándo hay que hacer un esfuerzo y comer un poco mejor y en mayor cantidad. Pero lo de «comer por dos» hace mucho tiempo que pasó de moda.

> Circulación

Andar media hora al día es buenísimo. No hace falta que nos lo diga nadie, porque ya lo sabemos todas...; aparte, un poco de sentido común y cuidados al máximo:

- Utilizar **calcetines que no aprieten** con la goma. Ahora hay muchas marcas que los ofrecen con una banda muy ancha. Y medias de descanso —por mucho que digan, siguen siendo más feas que las «normales», aunque sus beneficios son evidentes—, a veces, incluso debajo del pantalón.
- **Zapatos con tacón**, más o menos de tres centímetros.
- **No a la ropa que comprime** y deja marcas en la cintura, en los muslos o en la espalda.
- **No a los baños calientes**.
- **Masajes**.
- **Cremas «refrescantes»**. La sensación que producen es muy agradable.
- **Elevar las piernas** en posición de descanso.
- **No cruzarlas**.

6

Nunca es tarde

Existe una serie de ejercicios que, sin ser extenuantes ni imposibles para las poco amigas del deporte, dan un resultado excelente.

Lo ideal es empezar cuanto antes, pero siempre es mejor tarde que nunca.

Ejercicios seleccionados
por VIRGINIA URCELAY,
fisioterapeuta de la Fundación
Jiménez Díaz de Madrid.
Clínica de la Concepción.

Ejercicios para mantenerse en forma

Estos ejercicios no fatigan excesivamente a la madre y ayudan a que su cuerpo se mantenga elástico además de favorecer la musculatura abdominal, que tan útil es para la expulsión. Y alivian los dolores de espalda.

En todo caso, hay que consultar con el médico la conveniencia de hacer cualquier ejercicio.

Como precaución, se debe parar si nos cansamos o nos resulta difícil respirar. Nunca nos debe hacer daño ningún ejercicio y hay que evitar que, cuando el vientre resulte prominente, las piernas o cualquier otro elemento lo opriman.

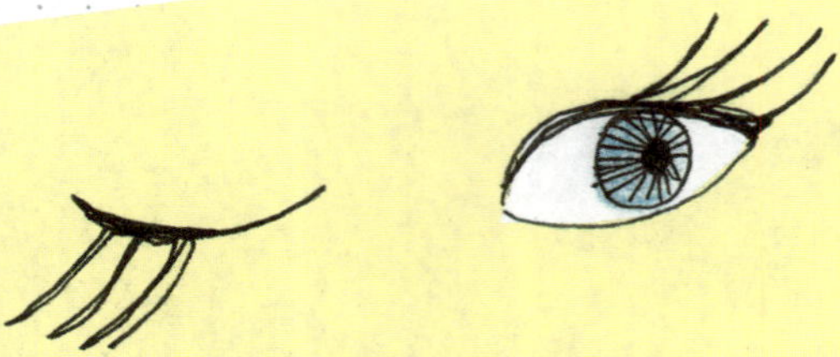

MUCHO OJO:
no hacer ejercicio después de comer o si hace mucho calor.

> Calentamiento

1. Sentadas, con la espalda bien derecha y las piernas al estilo indio, girar la cabeza como si quisiéramos mirar por encima del hombro derecho. Volver suavemente al centro. Girar a la izquierda. Repetir diez veces.

2. Exactamente igual, pero bajando la cabeza como si quisiéramos mirar el suelo, dejándola caer como un peso muerto. Volver a subir lentamente. Repetir diez veces.

3.

Sentadas en esta posición, juntar los pies en el centro de nuestro cuerpo, ayudándonos con las manos. Balancearnos suavemente, acercando primero la rodilla derecha al suelo y luego, la izquierda. Repetir diez veces.

4.

Tumbadas en el suelo. Cómodas. Rotar los tobillos y tirar de los dedos de los pies hacia la nariz. Repetir diez veces.

Ejercicios

1.

Báscula pélvica. Fundamental para evitar dolores en la zona lumbar. Nos tumbamos en el suelo con las rodillas ligeramente flexionadas. Contraer simultáneamente los glúteos y el abdomen. Aguantar unos segundos. Relajar. Repetir veinte veces.

2.

Tumbadas en la misma posición, llevar la rodilla al pecho ayudándonos con una mano. Si el vientre es prominente, desviarla ligeramente hacia el lado. Diez veces con cada pierna.

3.

Sentadas en el suelo, con las rodillas flexionadas y las piernas un poco separadas, bajamos la espalda redondeando todo el cuerpo. Bajamos hasta donde podamos aguantar. Paramos cinco segundos y, lentamente, volvemos a subir. Arriba descansamos otros cinco segundos. Veinte veces, en tandas de cinco, descansando más entre cada tanda.

4.

A cuatro patas, estiramos la pierna izquierda, en paralelo al suelo, intentando mantener una línea horizontal perfecta entre el cuerpo y la pierna. Contraemos mientras tanto abdomen y glúteos. Diez veces con cada pierna.

5.

Tumbadas cómodamente de lado, levantamos la pierna de arriba, bien recta y con el pie sin girar, y la bajamos con lentitud hasta llegar al suelo. Diez veces con cada pierna.

6.

Tumbadas mirando hacia el techo, con las rodillas flexionadas. Sentarse con la espalda en un ángulo de 45º respecto al suelo, bajar hasta tumbarnos llevando los brazos hacia delante, en paralelo con el suelo, y la espalda redondeada.
Descansar entre cada tanda de cinco.

7.

Tumbadas boca arriba, con las rodillas flexionadas. Llenar de aire los pulmones. Contraer vientre y glúteos. Elevar la pelvis lentamente, manteniendo la espalda pegada al suelo. Aguantar unos segundos. Bajar con lentitud, pegando imaginariamente las vértebras al suelo para terminar con el coxis.

8.

Sentadas, con la espalda bien recta y las piernas flexionadas en una posición cómoda, enganchar las palmas de las manos y apretar y soltar la una contra la otra veinte veces.

9.

Postura del gato.
A cuatro patas, intentamos poner la espalda del todo recta, mientras contraemos abdomen y glúteos. Lentamente pasamos a la posición opuesta: metemos la tripa todo lo que podamos arqueando a la vez el cuerpo para formar la figura de un gato «erizado».

> Estiramiento

1.

Nos tumbamos en el suelo, con los brazos estirados hacia el rodapié contrario y las piernas extendidas. Nos «estiramos» como hacemos antes de salir de la cama.

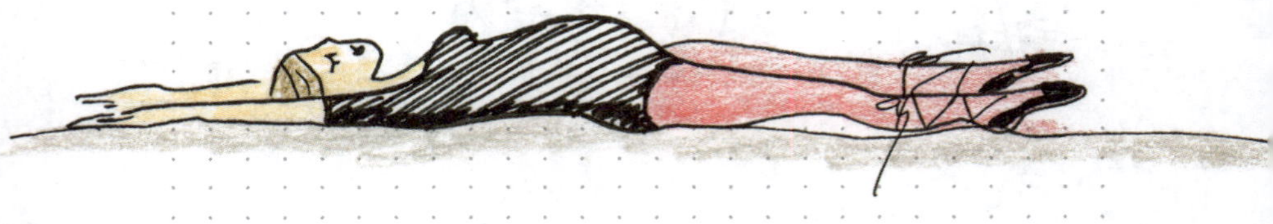

2.

En el suelo, mirando hacia arriba, con los brazos en cruz y las rodillas flexionadas, las dejamos caer primero hacia un lado, suavemente recuperamos el centro y luego las dejamos caer hacia el otro lado. Repetir cinco veces.

CAPÍTULO

2

EL CAMBIO INTERIOR

1 Una nueva responsabilidad

La primera reacción al ver las dos rayitas en la prueba de embarazo suele ser de sorpresa. Nada ha cambiado en nuestra cara, nada delata nuestro nuevo estado. De hecho, nadie podría darse cuenta de que nos está sucediendo algo tan importante y maravilloso, continuamos con el mismo aspecto que teníamos cinco minutos antes. Pero inmediatamente después se despliega un abanico de reacciones tan variado como seres humanos hay en la tierra: profunda alegría, turbación e incredulidad, un ligero temor e incluso pánico.

No es lo mismo desear algo, aunque sea fervientemente, que conseguirlo. Y una vez ante los hechos consumados, nos percatamos de que ya no hay vuelta atrás: nos vemos ya, no solo madres, sino abuelas. El tiempo —y la vida— se nos echa encima, de golpe.

Tener un hijo es una experiencia diferente para cada una de nosotras. Por mucho que nos cuenten, cada vez es única. Toda maternidad es una aventura en la que, cuanto más preparadas estemos, menos angustias nos asaltarán.

Veremos como amigas a las que nunca habríamos imaginado con un bebé en los brazos se convierten en madres «de manual». A otras, completamente sobrepasadas por las circunstancias. Por lo general, en este trance es donde aflora con más fuerza nuestro lado animal, nuestro instinto. Pero el miedo a no estar a la altura de las circunstancias se pasa en cuanto tienes que tomar una sola decisión concerniente a tu hijo. Se supera de inmediato. Y, muchas veces, se termina de crecer.

2
Temores más frecuentes

Este es el abecé de las primerizas. Más o menos las ideas que a todas nos asaltan en cuanto nos enteramos de que vamos a pasar de dos a tres. O de una a dos. Incluso, algo más duro en un principio, que es de dos a cuatro. Y la multiplicación es, si utilizamos rigurosamente el término matemático, exponencial.

En los ratitos de insomnio que acompañan a algunos embarazos, a esas horas en que la cabeza parece que funciona por su cuenta, de repente se nos ocurrirá: «¿Y si mi hijo no está bien?, ¿y si nace sano y luego se pone enfermo...?, ¿y si yo no sé cuidarlo...?».

O, al pasar uno de esos excelentes momentos entre el cuarto y el séptimo mes, junto al padre de la criatura, en armoniosa paz y amor perfecto, de repente nos lo imaginamos vociferando que el niño se ha hecho caca..., llamándonos a gritos, incapaz de hacer algo tan elemental como limpiar el trasero de un bebé. Incluso peor. Nos lo imaginamos como un «superpadre», babeando mientras mira a su vástago hacer pedorretas. Y a nosotras mismas, ignoradas y completamente olvidadas como un juguete roto. Horror. Eso se avisa.

> A no tener un hijo sano

Uno de los más frecuentes, aunque estadísticamente poco probable. Respecto a ciertas enfermedades, como el síndrome de Down, el médico es el más indicado para valorar los riesgos de una prueba prenatal como puede ser **la amniocentesis** (extraer líquido amniótico de la bolsa en la que está inmerso el feto por medio de una punción a través del vientre de la madre, y su posterior análisis).

Hoy día existen más pruebas previas a la amniocentesis, que valoran la edad de la madre, el riesgo y varias mediciones adicionales. También a través de las ecografías se detectan muchas anormalidades con el fin de ponerles remedio lo antes posible.

El diagnóstico prenatal se reserva en su mayor parte —si es agresivo para el feto— para cuando se reúnen ciertas condiciones que sitúan a la madre fuera del grupo en el que la probabilidad de tener un hijo completamente sano es muy elevada.

En el 95% de los casos en que se hacen pruebas al feto, estas no revelan ninguna alteración.

> A no ser una buena madre

Completamente absurdo. Los casos en que esto es cierto —abusos en el hogar, malos tratos— son afortunadamente excepcionales y sus protagonistas parecen no tener nada que reprocharse.

Cualquier decisión que tomemos será siempre la que consideramos mejor para el bienestar de nuestro hijo. Y hasta las «menos maternales» espabilan en cuanto les ponen en los brazos tres kilos de bebé de cosecha propia.

A los cambios en la relación de pareja

Este temor no es tan absurdo. Desde luego, se acabaron, por un cierto tiempo, los sábados por la mañana durmiendo hasta el mediodía... y los fines de semana fuera de casa, y las salidas espontáneas, sin planificar. Ahora, ir al cine exige una organización perfecta y sincronizada entre canguro, pecho, hora de la película, el tráfico y las ganas que tenga el neonato de

- soltar pecho o biberón;
- eructar;
- dormirse.

Estas limitaciones, añadidas a la pequeña irritación que produce la acumulación de noches en vela, el cansancio, la angustia de los primeros niños, producen un cambio; es del todo natural. Simplemente es una etapa en la que parece que todas nuestras energías se concentran en una bolita de carne de poco más de cincuenta centímetros —la talla media de los bebés al nacer— y que además nos proporciona muchas satisfacciones. Después de unos pocos meses, y con algo de ayuda —canguro, abuela, amigos—, las aguas vuelven a su cauce. Por lo general, es aún mejor.

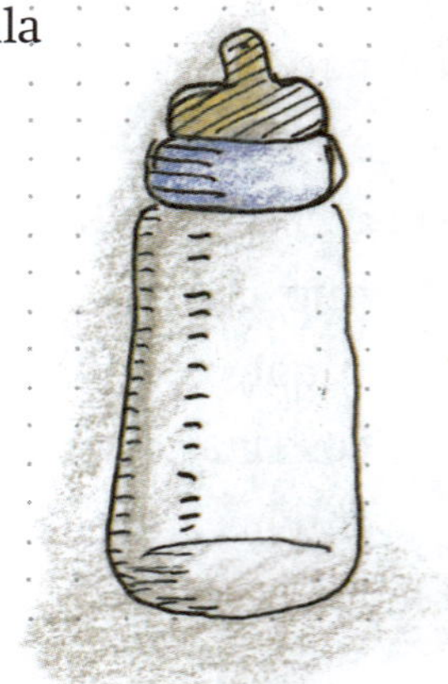

> A perder la independencia

Cualquier hecho trascendental trae unas consecuencias. Está claro que «perdemos» la falta de responsabilidad en la que se vive cuando se es joven y sin excesivas ataduras. Un hijo es para siempre y tenemos que velar por su bienestar. A los padres que adoptan se les exigen tales requisitos de idoneidad que, en un ochenta por ciento de los casos, «suspenderían» los padres «naturales». Con razón, porque si para conducir un coche hay que tener dieciocho años, para tener un hijo no hace falta ni siquiera ser mayor de edad.

> Al parto

Desde luego, no es igual que sacarse una muela. Y no solo por el dolor físico, porque hoy día el parto puede ser, de verdad, sin dolor. Es el momento en que viene al mundo un ser que ha tardado nueve largos meses en hacerse. Y que va a necesitar, al menos, dos años más para poder alimentarse por sí solo. El más perfecto animalito de la creación. Va a salir, atravesando durante horas un estrecho conducto, a un mundo que para él es completamente desconocido y hostil.

Por todo ello, hay que procurar que esta transición se dé en las mejores condiciones posibles para la madre y para el recién nacido. Pero no hay que tener miedo. Es cierto que produce ansiedad, sobre todo cuando va acercándose la fecha. Y es totalmente normal.

NOTA PARA LAS MÁS «PELICULERAS»

Las imágenes que hemos visto en el cine o en la televisión de partos «auténticos», con su buena ración de sangre de la de verdad, no tienen nada que ver con pasar por ello una misma. Es como ir en coche. El conductor nunca se marea.

A no saber cuidar del niño

Muchas veces nos olvidamos de que somos animales... racionales, pero animales. El instinto es poderosísimo, y de él debemos fiarnos, de nuestra intuición como madres para cuidar a nuestros hijos. Pero somos, también, producto de una cultura desarrollada. Existen miles de libros que explican, detalladamente, desde cómo actuar en caso de cólico hasta cómo se coloca un pañal de los de toda la vida. También se encuentra información útil en Internet (aunque mucho cuidado con algunos foros y, sobre todo, con buscar enfermedades... se ponen siempre en lo peor). Asimismo, están las clases de las enfermeras y matronas para mostrar los cuidados básicos del neonato a las menos expertas. Y nuestras madres tienen mucho que decir. Hay cosas que no se olvidan.

3 Cambios emocionales

Del buen humor al mal genio, y viceversa

El embarazo hace que nuestros niveles hormonales se disparen. A veces, también se sufre de insomnio, de molestias gástricas, de mareos y vértigos. La suma de todo esto puede implicar que esta no sea, precisamente, una de las épocas en las que estemos del mejor de los humores. En este caso, hay que ser conscientes de que las molestias se terminan, tarde o temprano, y de que al final llega la recompensa. Descansar debidamente, al menos, alivia el cansancio. Y hay que continuar comiendo adecuadamente.

El caso contrario tampoco es anormal. Para muchas mujeres el embarazo es una de las épocas más pletóricas de su vida. Además de los cambios hormonales, se sienten ilusionadas y encantadas con su nuevo estado. La espera de un bebé puede ser, también, una de las temporadas más dulces en una pareja, sobre todo si es el primero. Cuando lleguen los siguientes, ya tendremos al menos un niño a quien dedicar toda nuestra atención para que no acuse demasiado la sensación de «príncipe destronado» ante la llegada de un nuevo hermanito. Así es más fácil olvidarnos de nosotras mismas y de nuestro malestar.

En cualquiera de los casos —buen o mal humor—, la mayoría de las mujeres atraviesa una etapa llena de bienestar y de sensaciones positivas a partir del quinto mes y hasta que llegan —si es que llegan— las molestias del último tramo antes del parto.

> Sonrisas y lágrimas

En una reunión de amigas, cada una contó el momento más tonto en el que había llorado estando embarazada y las respuestas abarcaban un abanico amplísimo. Desde la que prorrumpía en lágrimas cada vez que se cruzaba con una ambulancia hasta la que no paraba de gimotear en cuanto empezaban en la televisión los anuncios bienintencionados en época navideña. Esto, que parece una broma, es lo más frecuente en los primeros meses del embarazo y, como comprobará la futura madre, en los primeros tiempos del posparto.

Las **emociones** están en un primer plano, por lo que no es raro llorar unas cuantas veces al día. Al cruzarse con un recién nacido, al recordar un momento precioso, al pensar en el futuro, al compadecerse de los desfavorecidos..., una mujer en estado es una ONG en potencia ella solita.

¿Cuál es el reverso de tanta ternura? La facilidad con la que se agravia o se preocupa a una futura madre. Por ello, no hay que dejarse llevar por percepciones negativas o sentirse heridas por un comentario poco cuidadoso procedente de un extraño. También podemos advertir a nuestros allegados para que extremen las precauciones.

Las mujeres que habitualmente sufren el «síndrome premenstrual» sabrán de qué se trata cuando hablo de hipersensibilidad. Y, con frecuencia, son las que más sufren estos cambios, también en el embarazo.

> Paz y tranquilidad

Más o menos, la estampa idílica del embarazo. Quienes estén inmersas en los mareos de las primeras semanas tardarán todavía en sentirse de esta manera, pero ya llegará. La actividad se reduce, el nivel de energía destinado a cosas superfluas —todo lo que no sea «hacer al niño»— también. La memoria parece que se pierde para siempre y los despistes van en aumento. Todo ello contribuye a que vivamos en una especie de nube de paz y armonía. Hay que aprovechar estos momentos de nirvana y de despiste porque no pueden durar demasiado. El niño se encargará de ello.

Impaciencia

El hecho de saber que se va a tener un hijo produce una enorme excitación en la mayoría de las mujeres, sobre todo con el primero. Cuando coinciden varias embarazadas y además primerizas, no habrá otro tema de conversación que el parto, los respectivos síntomas, las conjeturas sobre los bebés que van a nacer..., y no pararán de hacer preguntas si en el grupo hay alguna madre con experiencia.

En los últimos meses, cuando el vientre pesa, cuando parece que se ha estado embarazada toda la vida, cuando todos dicen: «No te queda nada...», a la futura madre le parece una eternidad. Es normal ir tachando los días en el calendario hasta llegar a la fecha de salida de cuentas. Y aunque parezca que nunca va a llegar el día, tranquilas, que llega.

CÓMO CALCULAR LA FECHA PROBABLE DEL PARTO

En la primera visita ginecológica, el doctor la calculará rápidamente con unas tablas especiales.

Es curioso, porque, según el país, así son de largos los embarazos. En España, los médicos te indican cuarenta semanas como el término medio de un embarazo, mientras que en Francia, son cuarenta y una. Pobres francesas, una semana más de propina...

Para calcular, según la cuenta de la vieja, la fecha probable de salida de cuentas, se suman nueve meses más una semana a la fecha de la última regla.

Por ejemplo, si esta es el treinta de junio: julio, agosto, septiembre, octubre, noviembre, diciembre, enero, febrero, marzo, más una semana de abril: el siete de abril.

> Distracciones

No sé cómo tratan las compañías del ramo del seguro del automóvil a las embarazadas, pero, sin generalizar, hasta las mejores conductoras se han dado algún susto en los últimos meses. Y para seguir buscando culpables..., las hormonas.

Incluso las más hábiles organizadoras, las *superwoman* que tienen todo controlado, olvidarán una reunión importantísima y hasta hacer la declaración de la renta si entran dentro del grupo de «las desmemoriadas». No, no son las autoras de la canción del verano. Son las embarazadas que, además de sufrir constantes olvidos difíciles de justificar ante terceros, también van por el mundo como una tribu de Mister Magoo, aquel señor que no veía nada y era despistadísimo.

No hay mayor problema. La memoria se recupera, pero no durante la lactancia, cuando a veces, debido al cansancio, es incluso peor. Y contra las distracciones, dos cosas: una buena agenda y dejar el coche en el garaje cuando nuestros reflejos no estén a la altura de la carretera.

4

Las aversiones peligrosas

› Olores insoportables

Otra de las alteraciones propias del embarazo es **la repugnancia súbita por ciertos olores** que antes no nos resultaban desagradables. Ejemplos, tantos como mujeres en estado. Hay quien tuvo que lavar hasta las cortinas de la habitación porque no soportaba el olor del suavizante para la ropa que empleaba con anterioridad. Otras mujeres detestan los olores de las cremas. La solución pasa por las que vienen, cada vez más, libres de todo perfume.

Además de este rechazo, el olfato parece que se desarrolla como un sentido «extra». Una compañera decía que iba por la calle como un perro de caza, olisqueando a las personas que se le ponían a tiro y los rincones en los que detectaba basuras u olor a gato. Llegó a ser capaz de clasificar los comercios por sus olores.

Sin exagerar, este aguzamiento va desapareciendo gradualmente, aunque las «manías» que adoptemos en estos meses tardarán en pasarse. Hay quien ha cogido odio hasta a ¡una ciudad entera! Solo por el olor. Así que mejor no viajar a nuestros destinos favoritos en los primeros meses o podemos acabar detestando hasta los efluvios de los canales de Venecia. Sería una pena...

Alimentos que nos repugnan

Esta aversión de los primeros meses puede extenderse a los alimentos, y tal vez descubramos que el gazpacho, que antes nos volvía locas, ahora nos produce arcadas solo con verlo. Las explicaciones que dan los expertos son muy variadas. Las temidas hormonas son, en parte, responsables de estas manías;

por ello, durante los primeros meses, en los que están de trabajo «a tope», es cuando más se experimentan estos fenómenos. Pero también popularmente se apunta que si algo produce un asco incontrolable es que el cuerpo saca sus mecanismos de defensa para proteger al niño de posibles intoxicaciones alimentarias. Por ello, es bastante frecuente que a las mujeres fumadoras (lamentablemente, no a las irredentas) el tabaco les repugne. Así como el alcohol suele perder parte de su atractivo, también los alimentos fuertes, susceptibles de causar daños al estómago, ya no llaman tanto la atención.

Esta explicación es muy poco científica. En ocasiones lo que nos produce disgusto es algo tan sano como un plato de espinacas y lo que nos tienta son los perritos calientes...; en cualquier caso, no hay que dejarse guiar por nuestros gustos y disgustos para controlar la dieta. No se trata de comer tapándose la nariz para tragar una cucharada de aceite de hígado de bacalao, pero sí de procurar al futuro bebé todo tipo de alimentos sanos y naturales.

5

Vivir a dúo

Un bebé querido, dentro de una pareja, es un regalo para la vida en común. Los meses de espera son un momento de plenitud, en el que con frecuencia imaginamos una situación idílica con un bebé de anuncio. Sin querer desmoralizar a nadie, la realidad no la crean los publicitarios. Se compone de noches de insomnio y de llantos inacabables. Pero también de momentos irrepetibles y de primeras sonrisas.

Aunque suene a tópico, es el momento de aprovechar los últimos meses de «libertad» inconsciente...; de salir un fin de semana sin haberlo planeado, de dormir hasta las tantas, de vivir intensamente a dúo, instantes que más adelante habrá que disfrutar casi con cuentagotas, al menos durante... bastante tiempo.

> Compartir el embarazo

Aunque sea la mujer la encargada de llevar al bebé en su cuerpo durante estos nueve meses, ese futuro niño es cosa de dos. Y a aquellos padres a quienes se presentaba el bebé bien lavado y peinado al lado de su lozana madre horas y hasta días después del parto, les ha sucedido una nueva generación que no quiere perderse detalle de esta aventura maravillosa.

Sin exagerar, es importante **hacerle partícipe** de todos los detalles, de las transformaciones que vamos notando. De nuestros sentimientos, de nuestras alegrías y de las primeras pataditas de su futuro hijo. Los movimientos del feto no son «palpables» hasta las veinte semanas, más o menos, en las madres primerizas. A partir del segundo embarazo pueden empezar a notarse antes, hacia las diecisiete semanas. Los músculos y el útero están más relajados y además sabemos diferenciar a un bebé en danza de otros fenómenos intestinales.

Muchas mujeres definen **los movimientos del feto** en el vientre como una presión muy suave —en sus primeros momentos—, algunas hacen comparaciones con animales delicados —pájaros, mariposas— que aletearan suavemente en su interior. Sea como sea, es una sensación maravillosa que solo puede compartirse de palabra hasta que se hace más evidente. Tanto, que hacia el séptimo y octavo mes podemos ver cómo cambia la orografía de la tripa, surgiendo montañas y desapareciendo valles según el bebé cambia de posición. Y al final, hasta duele. Las patadas que propina hacen que la mayoría de las madres piense que va a dar a luz a un futuro campeón de la Copa de Europa. Y luego, nada.

El nivel de implicación de los padres en la espera del bebé ha pasado de ser prácticamente nulo a notable y hasta sobresaliente. Puedes, además, hacerle compartir tus lecturas, tus paseos para mantenerte en forma, tus menús sanos e incluso tus salidas de compras para el niño. Y, por supuesto, es muy recomendable que compartáis las visitas al médico. Nunca está de más un buen aliado cuando el doctor no es todo lo que nos gustaría y, si nos gusta el médico, un buen complemento para evitar olvidos en la consulta.

Si quieres poner a prueba sus conocimientos sobre tu estado, podéis hacer juntos este test, medio en broma, medio en serio, y si falla: a leerse de cabo a rabo el libro del doctor Spock, para que vaya aprendiendo a cuidar del retoño...

TEST:

¿Sabes qué me pasa?

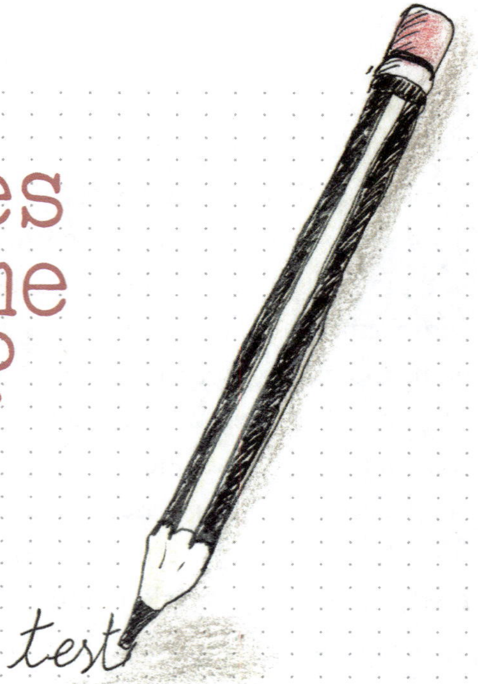

1. El exceso de saliva en la mujer, también llamado ptialismo, es

A. Sumamente desagradable. Les ocurre a algunas embarazadas, junto con náuseas y mareos mañaneros. Hay que esperar a que desaparezca por sí solo.

B. Una perversión sexual.

C. La consecuencia de un exceso de golosinas en la dieta habitual.

2. El cansancio que experimentan alguntas mujeres en estado es

A. Exageración. No se puede estar cansada desde el primer mes...

B. Normal. El esfuerzo de un cuerpo femenino que crea a un ser humano es superior, desde el primer mes, al de la mayoría de los esfuerzos deportivos.

C. ¡Son unas quejicas!

---

3. La falta de memoria es otra de las molestias del embarazo

A. Efectivamente, es consecuencia de los cambios hormonales –como muchas otras.

B. Es consustancial a algunas personas, se llama «síndrome del chorlito».

C. Se cura con vitaminas.

---

4. Una micción repetida es

A. Pesadísimo. Y síntoma de enfriamiento.

B. Frecuente que ocurra ya al mes y medio de la concepción. El útero va creciendo, aunque no lo veamos por fuera...

C. Lo contrario de una dicción infrecuente.

5. La indigestión es más frecuente cuando

A. Comemos legumbres, sobre todo de lata.

B. Al principio, por los excesos hormonales; y al final, por la compresión de todos los órganos en el abdomen.

C. Olvidamos llevar un antiácido en el bolso.

Respuestas

1-a, 2-b, 3-a, 4-b y 5-b

Respuestas acertadas

1. De cero a dos

   francamente, necesita todos los libros sobre partos y clases de preparación que encontremos. ¿O es que todavía cree que a los niños los trae la cigüeña?

2. De tres a cuatro

   bastante aceptable. Será un padre cariñoso y con cierta dosis de espontaneidad, aunque habrá que recordarle la teoría de vez en cuando.

3. Cinco

   sobresaliente. No solo se ha leído el libro antes que tú, sino que te dará lecciones de cómo sujetarle la cabecita al niño cuando haya que bañarle. Ojo, porque puede ser un poco cargante...

CAPÍTULO 3

COMER PARA DOS

1 Alimentarse bien

Lo primero que conviene quitarse de la cabeza es lo de que «hay que comer por dos». **NO** se debe comer por dos, ni por tres, ni nada de eso. Simplemente hay que comer **MEJOR**. Las personas que ya tienen buenos hábitos alimenticios no deberán introducir grandes cambios, tan solo continuar con aquellos. Todo depende de nuestro metabolismo: llegar a los veinte kilos al final del embarazo o engordar insuficientemente, algo que se contempla poco en estos tiempos de modelos esqueléticas pero que afecta a no pocas mujeres.

El control médico es fundamental a la hora de determinar qué tipo de alimentación se debe seguir para controlar una u otra tendencia. Aun así, hay algunas generalidades que funcionan en cada caso.

> Tendencia al alza

- Ponerse gordísima no implica dar a luz a un bebé lustroso y casi criado. Hay señoras que pasan de los veinte kilos por embarazo y obtienen como resultado un niño o niña más bien escuálidos. Los alimentos innecesarios se han ido aposentando en el cuerpo de la madre y «lucen» poco en el bebé.

* Fraccionar las comidas en cinco —con tentempié a media mañana y merienda, esa sana costumbre de la infancia— permite aguantar sin desfallecer hasta el almuerzo o la cena y no «arrasar» con todo lo que haya en la nevera mientras cocinamos. Al final, sale a cuenta y para el niño es mejor este suministro gradual de alimentos.
* Intentar suprimir todo lo que no va directamente al bebé sino al «michelín»: chocolates, bollos, patatas fritas, bebidas azucaradas..., aunque es difícil de conseguir.
* Darse una «alegría» de vez en cuando. La ansiedad excesiva por un alimento puede hacérnoslo desear —y consumir— aún más.
* Desayunar bien. Hay que empezar el día pletóricas de energía —y de calorías— que quemaremos poco a poco. La cena, sin embargo, mejor ligera. Evitar, además, meterse en la cama como una boa constrictor después de zamparse un elefante. Esto provoca unas pesadillas tremendas...
* Fuera de casa, pedir siempre zumos de frutas o un vaso de leche. Así estamos dándole al bebé vitaminas y calcio.

IMPRESCINDIBLE

No saltarse comidas ni ponerse a dieta. Solo el médico puede decidir qué hay que hacer en caso de exceso de peso en el embarazo.

Tendencia a la baja

* Hay unos batidos proteínicos que harían engordar a la mismísima Kate Moss. Uno al día, por lo menos. Y además, no están mal de sabor, sobre todo el de chocolate.
* Tentempié a media mañana y merienda. Y a pensar en cuántas mujeres envidiarían esta situación.
* No saltarse nunca una comida. No conviene ni al bebé ni a nosotras.
* Descansar después de las comidas. Liberar nuestra culpabilidad y tumbarnos «a la bartola» aunque sea delante del televisor. Y hasta dormirnos si el programa es un rollo.
* No pasarse con el ejercicio físico. En algunos casos, conviene tomarse las cosas con calma.
* Reducir la angustia y el estrés laboral.
* Para las que no engordan fácilmente: comer pan. Tiene mucho calcio y está riquísimo.

2 El peso ideal

¿Nueve meses, nueve kilos?

Lo que se considera el aumento de peso ideal en un embarazo ha variado en los últimos años. Hubo una época en que se pensaba que con siete kilos era más que suficiente. Hoy día, dependiendo de la constitución de la mujer, se habla de nueve-once kilos a catorce-dieciséis. Lo de «un kilo por mes» es casi de manual. Porque, además, aquellas que engordan nueve kilos suelen cogerlos todos entre el cuarto y el octavo mes.

Las mujeres que sufren **una ligera pérdida de peso** cuando se ponen en marcha las náuseas y los ardores de estómago no deben preocuparse excesivamente —siempre que sea dentro de la normalidad—. En estos primeros meses las necesidades del embrión son mucho menores que más adelante, cuando su cuerpecillo debe «recubrirse».

El caso opuesto es cuando se cogen los nueve kilos en los cuatro primeros meses... y no hay remedio, porque no existe dieta que valga. Al haberse pasado, de entrada, es obligado controlar un poco más la dieta a partir de entonces, comiendo siempre suficientemente y de modo sano. Lo que hay que recortar son los «extras». Y ya se puede ir pensando en un posparto y una poslactancia a pan y agua.

CUANDO EL ESTÓMAGO SE REBELA

Si la náusea ataca con solo mirar el tetrabrik de leche, hay soluciones. No son infalibles y una se sigue encontrando fatal, pero al menos con el estómago medio lleno:

— Comer «potitos». Sí, los de los bebés. Está comprobado que son muy sanos para los recién nacidos, así que no tiene por qué serlo menos para sus madres. Su falta de gusto, su contenido equilibrado en proteínas y grasas y su nivel de vitaminas nos ayudan a sobrevivir cuando empezar un filete parece una tarea tan ardua como subir el Kilimanjaro. Además, acaban de salir otros especialmente pensados para adultos con problemas de alimentación.

— Procurar no estar con el estómago vacío. Intensifica los jugos gástricos que nos machacan y hace aumentar el malestar. Masticar y tragar algo cada dos o tres horas.

— Tomar sopas. Son nutritivas y pasan con facilidad.

— Consumir bebidas con cola. A muchas embarazadas les «arregla» algo el cuerpo y las náuseas. Sin cafeína, mejor.

> Comer mejor

La alimentación durante el embarazo debería regirse por una sola norma: el sentido común. Lo que es bueno para nosotros es bueno para el feto, añadiendo algunos suplementos para ayudar a nuestro cuerpo y al desarrollo, en particular, de ciertos órganos del futuro niño.

En algunas de sus intervenciones públicas, el profesor Grande Covián señalaba que para mantenerse en el peso ideal hay que comer de todo, pero bien. Durante el embarazo ocurre algo parecido: no debemos privarnos de nada para estar en forma, simplemente hay que consumir unos alimentos en mayores cantidades o frecuencia que otros. Si conseguimos establecer unas pautas de alimentación sanas y hacemos que sean duraderas, lo llevamos ganado para nuestra salud y la de nuestra familia. Por ello, no es una dieta que se haga en solitario, sino que es preciso compartir e imponerla en la mesa cada día.

No menos importante que lo que se come es lo que se bebe. Por ahí empezaremos:

Líquidos

- Nuestro cuerpo está compuesto en gran parte de líquidos, al igual que el del bebé. Por ello, hay que beber **más de litro y medio de líquido al día.** No todo tiene que ser agua necesariamente: también cuentan la leche, los zumos naturales de fruta, las sopas, etcétera.
- Es mejor **prescindir del alcohol.** Un vaso de vino en un día especial no ha matado a nadie, pero los libros y los estudios sobre los efectos del alcohol en el feto todavía no son concluyentes sobre cuál es la dosis mínima ideal y sus efectos sobre el bebé..., si es que existe una dosis «ideal». En cuanto a fundirse en lágrimas al descubrir que estamos embarazadas, pensando en aquella noche en la que no atinábamos con la llave en la cerradura..., no hay que preocuparse demasiado. Pero evitaremos repetirlo.
- Otra de las razones para prescindir del alcohol es puramente egoísta: produce acidez de estómago, molestias gastrointestinales

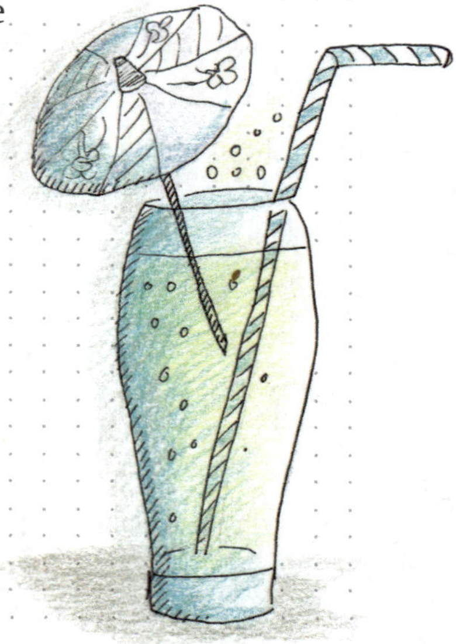

y, en muchos casos, insomnio. Con lo que ya tenemos encima, sería una tontería echar leña al fuego.

- Lo mejor es **repartir el total del líquido** durante el día y no ingerirlo solo en las comidas principales.
- Cuanto más líquido bebamos, menos retendremos y contribuiremos a mantener la piel bien hidratada y a luchar contra otra bestia negra del embarazo: **el estreñimiento.**
- Los refrescos de lata con burbujas y azúcares no son lo ideal. Hinchan, quitan el apetito y engordan. Pero, a veces, un **refresco de cola** te sube la tensión (si se tiene baja) y te da cierta «vidilla». Mejor evitarlo con cafeína si tenemos problemas de sueño.
- La **leche** es mejor tomarla semi o desnatada. Además, tiene más calcio que la entera.
- El **café** es, por muchas razones (diurético, impide la absorción del hierro, produce insomnio, etcétera), una bebida que se debe evitar.

> Alimentos sólidos

Cuando se habla de dieta ideal, lo primero que se hace es pensar en términos de calorías. Seamos realistas, nadie saca la calculadora y se pone a sumar las de una paella o una tarta de limón. Sabemos que son muchas, y basta. Durante el embarazo, las necesidades calóricas suplementarias no son tan elevadas. Con un par de vasos de leche de suplemento al día se colman. Además, no nos engañemos, esas calorías añadidas ninguna mujer, por abnegada madre que se proponga ser, las emplea en comerse doscientos gramos más de endibias y pechuga de pollo. No, egoístamente pensamos: «Estupendo, así me como un *éclair* de chocolate y no me engorda». Las guardamos para nosotras, para nuestros pequeños vicios golosos y no para enriquecer la dieta a base de hierro, fósforo y calcio, sino de grasas saturadas de procedencia oscura.

Por ello, nos olvidamos de las calorías. Lo que sí hay que tener presente es que se necesita un aporte calórico superior y que este depende de las necesidades particulares de cada mujer. Aquellas que parten de un peso inferior necesitarán una ayudita. El feto no puede ni debe pasar hambre.

En cada visita prenatal el médico controlará nuestro peso, y más adelante el del bebé. De esta manera guiará nuestra alimentación: si hay que echar el freno o, por el contrario, desayunar con batidos como los que toman los deportistas de élite.

GRUPOS ALIMENTICIOS

Nuestra alimentación se compone de elementos de estos grupos. **La pirámide nutricional** de la que hablan algunos expertos coloca los hidratos en la base, seguidos de las verduras y frutas, las proteínas y, en el punto más alto, con el menor consumo, las grasas. Durante el embarazo se puede hacer más hincapié en el consumo de verduras y frutas y, sobre todo, proteínas, por encima de los hidratos de carbono.

— **Proteínas:**
se encuentran en los productos lácteos, los huevos, la carne, el pescado, los bollos integrales y los frutos secos.
— **Frutas y verduras frescas:**
tienen vitaminas A y C, E, ácido fólico, fibras y minerales.

Hay que consumirlas variando el color. Las verdes tienen unas propiedades; las rojas y las amarillas, otras. Procuraremos tomarlas en todas las comidas. Y en las principales, dos raciones. Por ejemplo:

- Naranja en el desayuno.
- Una manzana a media mañana.
- Almuerzo con lechuga y tomate en ensalada y brécol de acompañamiento del segundo plato.
- Melón, de postre.
- Merienda con frutos secos.
- Cena, judías verdes.
- Además, por supuesto, de los alimentos correspondientes a los otros grupos.

— **Hidratos de carbono:** no hay que suprimirlos para tratar de no engordar demasiado. Los refinados son pobres desde el punto de vista nutritivo, pero ayudan a combatir las molestias gastrointestinales del embarazo y, según algunos expertos, la fibra reduce la incidencia de la diabetes gestacional. Además, el pan tiene mucho calcio.

Lo ideal sería tomar cereales integrales, las patatas con piel (asadas están buenísimas) y algún pastel de vez en cuando para quemarlo rápido y dar una alegría al cuerpo, que también es importante.

— **Grasas:**
no conviene pasarse comiendo grasas, pero es igual de peligroso eliminarlas o consumirlas de modo insuficiente.
Las grasas se encuentran en el aceite, la mantequilla, el queso, los lácteos, los frutos secos, la carne, etcétera. Y por supuesto, en todo tipo de bollitos industriales, dulces, chocolates y demás, pero de estos mejor no hablar.

> Suplementos

— Si nuestro menú lo elaborara cada día un experto nutricionista que además tuviera el toque Arzak no habría de qué preocuparse, pero, desgraciadamente, no llevamos el bloc de notas para calcular si de vitamina C hemos tomado la Cantidad Diaria Recomendada (CDR) o si hemos cubierto el cupo de ácido fólico. Por eso, la mayoría de los ginecólogos son partidarios de los **complejos vitamínicos** que compensan las posibles fisuras en nuestra alimentación. Existen diversos preparados en las farmacias y, si el médico los receta, es conveniente tomarlos, puesto que en muchos casos no solo el cuerpo del bebé se resiente sino también el de la madre.

— **Ácido fólico y hierro:**
el ácido fólico constituye, con el hierro, uno de los preparados más recetados a las gestantes. El primero se toma, casi rutinariamente, en los primeros meses y, según los médicos, lo ideal sería comenzar a consumirlo incluso antes de la concepción. La razón está en los estudios que relacionan el ácido fólico con la prevención de, por ejemplo, la espina bífida.El hierro es para los casos de anemia, que entre las mujeres en estado son frecuentes. Algunos médicos «dejan pasar» una ligera anemia sin recetar el temido hierro (si se tienen molestias estomacales, es aún peor) porque es, hasta cierto punto, normal.

— **Calcio:**
ahora que tanto énfasis se pone en la prevención de la osteoporosis a partir de la menopausia, es el momento de empezar a trabajar en contra de ella. Las necesidades de calcio que tiene que cubrir el feto para la formación de sus huesos, dientes y cartílagos, si no se sacian con el que aportamos mediante la dieta, las cubre «chupando» el calcio de los huesos de su abnegada madre. Así que, aunque a los hijos hay que darles casi todo lo que nos pidan, hagamos una excepción con el calcio de nuestros huesos.

› Recomendaciones generales

* Lo de «un segundo en la boca, una eternidad en las caderas» podría convertirse en el lema de las embarazadas sustituyendo «caderas» por «mi bebé».
* Hay que intentar comer con la cabeza. Valen más los alimentos nutritivos que los que solo llenan el estómago.
* Es mejor hacer cinco comidas que tres. Es una buena idea recuperar los viejos hábitos de la infancia: el bocadillo en el recreo y la merienda a media tarde. Y además se engorda menos.

- No conviene hacer dieta para adelgazar durante un embarazo. Si se parte con sobrepeso, hay que aguantarse.
- Evitaremos los fritos, los alimentos demasiado grasos y todo lo que pueda guardarse en un armario (sopas de sobre, latas, verduras en conserva). Llenar el carrito con alimentos que han de consumirse inmediatamente es el mejor seguro contra la tentación.
- Pasaremos de largo por la sección de chocolates, galletas y caramelos. Bastantes tentaciones hay ya en las cartas de los restaurantes.
- Es preciso beber mucha agua y tomar alimentos ricos en fibra. Enemigo a combatir: el estreñimiento.
- Aunque parezca mentira, algunos estudios han revelado que hay más vitaminas en los guisantes congelados que en los frescos. Dejando la anécdota aparte, consumir verduras congeladas,

de vez en cuando, es una buena alternativa para las ocupadas mujeres trabajadoras sin tiempo para ir al mercado.

* Los pescados congelados en alta mar tienen menos conservantes que los frescos. Increíble, pero cierto. Congelar el pescado antes de consumirlo es un buen sistema de evitar algunos parásitos (y descongelarlo antes de consumir, claro).
* Preferir los alimentos a la plancha o al vapor a los fritos y con salsas.
* Extremar las medidas de precaución a la hora de manipular los alimentos. Lavar las ensaladas escrupulosamente, añadiendo una gota de lejía al agua.
* Ojo con la carne poco hecha, los quesos de leche «cruda» o la leche sin pasteurizar, los pescados sin cocinar y los embutidos. Preguntar al médico si hemos pasado la toxoplasmosis.

TOXOPLASMOSIS

Un análisis de sangre es suficiente para saber si se ha pasado la toxoplasmosis, una enfermedad que, cuando se sufre antes del embarazo, pasa inadvertida en la mayoría de los casos.

Curiosamente, en países como Francia, con otros hábitos alimentarios, casi todas las mujeres son inmunes, cerca del 90 %. En España la tasa es mucho menor. El peligro radica en atrapar esta enfermedad durante la gestación.

Para evitar la infección en el caso de que no se sea inmune, hay que extremar las precauciones con ciertos alimentos y para quienes tengan mascotas en casa (especialmente gatos) existen pruebas para determinar que su animal sea totalmente «seguro».

TRUCOS

- Para salir del paso cuando el cansancio aprieta y hay que alimentarse: una lata de atún y pan. Riquísimo y muy nutritivo.
- La vitamina C no se guarda en el cuerpo como si este fuera una nevera. Hay que tomarla cada día. Pero hay una dosis máxima recomendable, así que no sirve tomarse un sobre de vitamina C en lugar de un zumo de naranja natural. Además el calor y la luz la destruyen, por lo que los alimentos que la contienen, mejor crudos y fresquitos.
- Quitar el salero de la mesa. Así no caeremos en la tentación de poner más sal de la que los alimentos traen de la cocina. Y que esta sea yodada. Previene enfermedades.
- Si nos falta hierro, hay que comer: berberechos y frutos secos en el aperitivo, pato en el restaurante, sardinas enlatadas, las patatas asadas con piel y muchos platos de cuchara (lentejas, judías pintas, potaje de vigilia).
- Si nos falta calcio: batidos, yogures, queso de Burgos, queso manchego, bocadillos, salmón y sardinas.
- Vitamina C: todos los cítricos, y las frutas y verduras de color rojo o verde.

3 Comer fuera de casa

> La prueba del «camarero lento»

Cuando estamos en casa resulta más fácil prepararse las judías verdes, el pescado y la naranja de postre. Pero todos nuestros esfuerzos se vienen abajo cuando, en un almuerzo de trabajo y mientras el servicio se demora más de la cuenta, devoramos el cestillo de pan, entero, con mantequilla, las aceitunas y luego tomamos la carta al asalto coronándolo todo con el postre más grasiento que encontremos. Sin mencionar los efectos que estos excesos tienen sobre la acidez, indigestión y gases variados.

La tortura del «camarero lento» es una de las más difíciles que existen para llevar una alimentación sana. Una vez con la carta en la mano, todas las tentaciones se concentran en tres apartados: entrantes, segundos platos y postres. Y caer en ellas es tan fácil cuando todos los comensales te disculpan «porque estás embarazada»...

> Cómo salir airosa

- **Solución radical**: no ir a estos almuerzos. Como es una medida un poco drástica, podemos reducir estos compromisos sociales. Sobre todo, los nocturnos, donde es muy difícil escapar de las tentaciones de contenido alcohólico.
- **Elegir platos** de verdura como entrante y pescados a la plancha de segundo. Entre los postres, siempre suele haber alguno a base de fruta, o cuajada o, si no, entre lo más dulce, siempre mejor una tarta de manzana que un pastel lleno de grasa.
- **Ordenar dos entradas**. Ningún camarero del mundo se atreverá a poner mala cara a una mujer con una barriga más grande que la suya.
- **Invertir los términos**. Aprovechar para pedir esos platos que hacemos poco en casa y son beneficiosos para una dieta variada: lentejas, algún pescado, lo que cada una consuma menos.
- **Pedir la entrada directamente,** «para picar». Así nos ahorramos la fase de la barra de pan con mantequilla hasta que llegue el primer plato.
- **No cortarnos** si solo nos apetece un plato y postre.

De viaje y sin sal de frutas...

La cosa cambia cuando estamos de viaje, no ya en nuestro país, sino en algún destino exótico, que para el estómago delicado de una mujer embarazada puede ser desde Estados Unidos hasta la Costa del Sol. El pescaíto frito se digiere con cierta lentitud. Y se puede desarrollar una alergia a la comida teóricamente «sofisticada» que hacen en California después de dos semanas de intentar encontrar algo sencillo que llevarse a la boca, sin ajo, sin hierbas y sin champiñones troceados.

Fuera de nuestro ámbito, lo mejor es pedir todo «sin nada». En francés, *nature*. En inglés, *plain*. En chino, ni idea. Las legumbres, cocidas. Los filetes y pescados, a la plancha. Las frutas, sin pelar. Parece exagerado, pero quien haya pasado un episodio de vértigos y náuseas «agudas» entre el primer y el cuarto mes, viajando, sabrá de lo que hablo. Los potitos mencionados en el apartado anterior son válidos en cualquier país donde los vendan. Incluso si no entendemos la etiqueta.

* Antes que nada, evitar platos susceptibles de causar trastornos gastrointestinales más serios que un par de arcadas: gastronomía local a base de pescados crudos como el ceviche peruano

o el sushi japonés, aunque sean deliciosos; en México, picantes de los que te hacen saltar las lágrimas; *steak tartar* y *carpaccio*; la corteza de los quesos, aunque las francesas la devoren hasta el noveno mes... Un poco de sentido común y todo bien cocinado.

* Evitar las ensaladas y frutas peladas donde tengamos la impresión de que aquello no pasaría la prueba del algodón...
* No aventurarse con platos desconocidos, a menos que queramos irnos sin comer.
* Leer las etiquetas en los supermercados. Algunas multinacionales alteran la composición de sus productos en función de las leyes de sanidad vigentes en el mercado donde los comercialicen. Los conservantes y colorantes no autorizados en Europa están a la orden del día en otros continentes.
* Pedir las bebidas embotelladas y que las abran en nuestra presencia, en la mesa. Esto parece obvio, pero incluso en algunos restaurantes de lo más *trendy*, en Estados Unidos, te traen el agua en el vaso desde la cocina diciéndote que es Evian...

Qué pedir en el restaurante

Ahí estamos, muertas de hambre y delante de una extensa y sabrosa carta.

Entrantes

Ensalada caprese
Verduras de temporada
Gazpacho
Revuelto de ajetes
Arroces
Sopa de verduras
Ensalada mixta
Platos del día: lentejas, alubias, potaje de vigilia, cocido, etcétera.

Plato de resistencia

Pescados a la plancha, con patata cocida o guarnición vegetal
Pato
Ternera a la plancha (la carne roja tiene más colesterol. Moderarse)
Pescados al vapor

Postres

¿Hay algo de fruta?
Natillas caseras
Arroz con leche

LOS ANTOJOS

Una amiga me contó que, estando ya de ocho meses, una señora empezó a darle conversación en una tienda. Y siendo tan evidente su embarazo, el tema inevitablemente acabó allí. La señora, de setenta años muy pasados, le explicó como, de viaje en el pueblo de su madre, oyó al gallo cantar y le entraron unas irreprimibles ganas de engullir una gallina en pepitoria. Y en esas estaba cuando, al ver que no era posible satisfacer su ansia, se llevó la mano a la pierna para que, al menos, el antojo no le saliera al niño en la cara, sino en la pantorrilla.

Unos meses después dio a luz a un varón con una mancha en forma de gallo (¿o sería gallina en pepitoria?) en el muslo.

A mi amiga, afortunadamente, solo le quedaba un mes de sudores fríos y terrores nocturnos recordando las veces que se hubiera parado en el

primer burger a devorar hamburguesas chorreantes de mostaza y salsa barbacoa. ¿Dónde le saldría la hamburguesa a la niña? ¿En el brazo? ¿En la frente? ¡No, por favor!

Los antojos, como tales, no deben quitar el sueño a nadie. Que se sepa, no hay ninguna relación entre los insatisfechos deseos alimenticios de la madre durante la gestación y las manchitas que puedan aparecer en la piel de los bebés, muchas de las cuales desaparecen durante el primer año de vida.

En cuanto a que estos deseos sean reflejo de carencias nutricionales de la madre, puede ser que en la prehistoria si una mujer se lanzaba sobre un naranjo tuviera un déficit de vitamina C. Pero una señora que se justifica con los antojos y toda una teoría sobre los lípidos porque lo que quiere es zamparse sin remordimientos una bandeja de pasteles... y que además vaya a comprarlos su marido, no tiene nada de científico. A los antojos hay que hacerles caso en su justa medida. Si el cuerpo nos pide líquidos, démosle líquidos. Si pide azúcar, también; o carne. Pero no hace falta que sea el helado de la tienda de la esquina, y no otro.

4

Sano, sencillo y sabroso:

MENÚ ESPECIAL «NUEVE MESES»

Salimos de casa temprano, con el estómago revuelto, y hay que obligarse a desayunar. A mediodía, muchas veces se almuerza fuera de casa y no siempre con el menú ideal. La hora de la cena debería ser el momento para compensar las posibles deficiencias nutritivas de nuestra dieta. Lo malo es que, a esas horas y después de un día de trabajo..., estamos agotadas.

Aquí van algunas sugerencias para preparar muy fácilmente y en unos minutos platos nutritivos y, como diría Karlos Arguiñano, «ricos, ricos». Eso sí, que nadie busque en estas líneas alta cocina. Solo cumple las tres «s»: sana, sabrosa y sencilla.

> Para hacer en un santiamén

Ensalada de tomate, atún y huevo duro

Vitaminas y proteínas

- Tomates
- Dos huevos duros
- Una lata de atún al natural
- Aceite de oliva virgen
- Sal

Cortar los tomates como para ensalada, mezclar con el huevo duro picado y el atún, en trozos grandes. Aliñar con abundante aceite y sal.

Lubina al horno

Cualquier pescado vale

- Una lubina de ración para dos
- Patatas
- Ajos
- Aceite de oliva virgen

Pedir en la pescadería que nos abran el pescado para hacer a la espalda. Lavar bien las patatas con su piel y cortarlas en rodajas, casi como para tortilla. Meter en el microondas un recipiente, que luego contendrá las patatas, con una cucharada de aceite de oliva. Calentar. Añadir las patatas y poner unos diez minutos a máxima potencia. Mover y retocar el tiempo, hasta que las patatas estén reblandecidas. Mientras, freír los ajos en láminas en otra cucharada de aceite. Colocar en una placa de horno engrasada las patatas alrededor del pescado, abierto y con el aceite, y los ajos por encima. Meter a horno medio-alto, unos diez minutos.

Tarta rápida tatín

Fruta... en tarta

- 1,5 kg de manzanas
- 50 g de azúcar
- 60 g de mantequilla
- Una plancha de hojaldre refrigerado o congelado

Pelar las manzanas y cortar en cuartos más o menos grandes. Poner al fuego una sartén que pueda ir al horno. Poner la mantequilla y casi todo el azúcar. Fundir. Bajar el fuego y colocar las manzanas, bien apretadas unas con otras. Hacer al fuego, unos veinte minutos, moviendo la sartén, no las manzanas, para que no se peguen, lentamente. Cuando estén de color más oscuro y blandas, sacarlas del fuego. Colocar el hojaldre tapando la sartén y metiendo los bordes hacia las manzanas, con un tenedor. Meter a horno medio hasta que el hojaldre esté bien dorado (quince-veinte minutos). Reservar. Al servir, poner la sartén a fuego vivo unos cinco minutos, con cuidado de que no se queme, pero lo suficiente para que se caramelice y se desprendan las manzanas del fondo de la sartén. Dar la vuelta en un plato y servir con las manzanas hacia arriba. Puede acompañarse con leche evaporada tipo Ideal muy fría y batida (calcio, calcio).

> «Sobredosis» de calcio

MENÚ DE VERANO

Ensalada caprese

Para evocar la bella Italia

- Tres tomates, de los llamados «pata negra»
- Una bola de mozzarella
- Albahaca fresca
- Aceite de oliva virgen
- Sal

Cortar en rodajas finas los tomates y alternar con rodajas de mozzarella. Colocar las hojas de albahaca alrededor. Aliñar con sal y generoso aceite de oliva.

Tostas de sardinas

Buenas contra el colesterol

- Dos rebanadas de pan de pueblo por cabeza
- Dos tomates bien maduros
- Una lata de sardinas al natural
- Aceite de oliva virgen
- Sal

Tostar el pan y untarlo con los tomates abiertos por la mitad. Colocar las sardinas encima y aliñar con un chorrito de aceite.

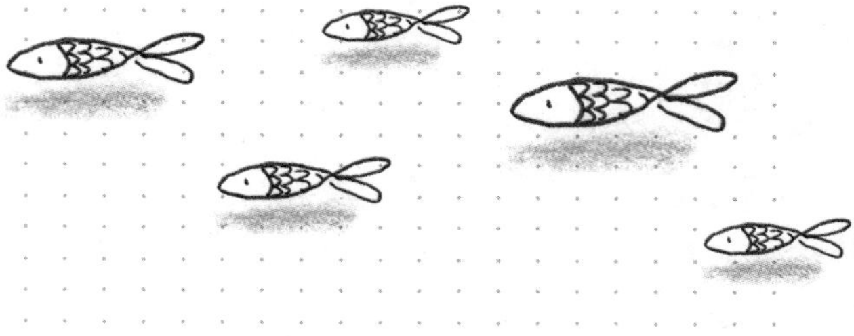

Batido de requesón

Y más calcio...

- 1/4 kg de requesón
- Un par de cucharadas de leche en polvo
- Cuatro cucharadas de miel

Mezclarlo todo a mano. Servir bien frío.

MENÚ DE INVIERNO

Espinacas a la catalana

Para hacer la competencia a Popeye

- Espinacas frescas, o congeladas si no hay más remedio
- Pasas
- Piñones
- Un ajo
- Aceite de oliva virgen
- Sal

Cocer las espinacas después de lavarlas bien para quitarles la tierra, si son frescas. Escurrirlas en un colador. Freír el ajo en el aceite y rehogar los piñones y las pasas. Rehogar las espinacas en la misma sartén con el ajo, los piñones y las pasas.

salmón en papillote

Más fácil, imposible

- Una rodaja de salmón por persona
- Limones
- Aceite de oliva virgen
- Eneldo
- Sal
- Papel para hornear

Cortar el papel en cuadrados grandes. Colocar un poco de aceite de oliva, el salmón encima, rociar con el limón y el eneldo, unas gotitas de aceite y sal. Cerrar las cuatro puntas del papel. A horno fuerte, siete minutos.

Tarta de queso

Para golosas irredentas

- 1/4 kg de queso de Burgos
- Tres huevos
- Un bote pequeño de leche condensada (para quienes tengan problemas de peso, puede sustituirse por un bote de leche evaporada sin azúcar, 100 g de requesón, más un endulzante que pueda ir al horno)
- El zumo de dos limones
- Un puñado de pasas
- La ralladura de un limón
- Una cucharada de pan rallado
- Mantequilla para engrasar el molde

Mezclar en la batidora la leche, los huevos, el queso, el zumo y la ralladura. Engrasar el molde y espolvorear con pan rallado para que no se pegue. Colocar las pasas en el fondo y la mezcla por encima. Meter a horno medio (180 grados) de veinte a treinta minutos, con el horno ya caliente. Sacar la tarta cuando esté bien alta y tostada. Servir tibia o fría.

> Mucho hierro

Las lentejas de toda la vida

Y además, tienen mucha fibra

- Dos puñados de lentejas rápidas por persona
- Dos zanahorias
- Una patata
- Un chorizo (si el peso va aceptablemente, y además, es solo para darle gusto al plato)
- Una hoja de laurel
- Aceite de oliva virgen
- Pimentón
- Sal

Poner las lentejas en agua, al fuego, y añadir la patata y la zanahoria cortadas en rodajas pequeñas, la hojita de laurel, el chorizo, una cucharadita de pimentón, la sal y una cucharada de aceite de oliva. Tener a fuego lento, haciendo «chup-chup», una hora. La alternativa rápida es meter todos los ingredientes en la olla exprés, diez minutos. Las lentejas salen algo despellejadas, pero el valor nutritivo sigue intacto.
Y se dejan comer, si uno tiene hambre.

Magret de pato con cerezas

Muy hecho para las futuras mamás

- Un magret de pato (se pueden tener en el congelador y sacar cuando hagan falta)
- Un bote de mermelada de cerezas
- Dos chalotas (o, en su defecto, cebollas corrientes y molientes)
- Un chorrito de jerez
- Aceite de oliva virgen
- Sal y pimienta

Para hacer la salsa picar las chalotas y rehogar en el aceite sin que se quemen, hasta que se pongan doradas. Añadir dos cucharadas de mermelada por persona y un chorrito de jerez. Reducir a fuego lento.

En otra sartén, poner el magret de pato por el lado de la piel, a fin de que se cocine en su propia grasa; bajar el fuego para que se haga bien. Si se puede comer la carne poco hecha, es mejor rosada. Si el médico no lo autoriza, hay que hacerlo, por lo menos, diez minutos por cada lado, hasta que la piel se carbonice un poco. Dejar reposar fuera del fuego unos minutos y cortar en lonchas. Servir con la salsa.

Postre de invierno

Más sencillo, imposible

Mezclar avellanas, nueces peladas y almendras con albaricoques e higos secos.

CAPÍTULO

4

CONSERVAR LA SALUD... Y LA BELLEZA

NUESTRA SALUD

1 El ambiente de la embarazada

> Dormir y callar

Una embarazada no es una enferma. Aunque muchas mujeres que se sienten fatal en los primeros meses, en los últimos o en todos sonreirán cínicamente al leer esta aseveración. No es una enferma. Tampoco es una mujer en estado normal. Es un cuerpo que gasta muchísima energía en fabricar a otro ser humano. Y no solo física, sino también mental. Por ello, nada mejor que hacer caso a las señales que nuestro sentido común nos dicta para conservar la salud con que contamos. Si al llegar las tres de la tarde la modorra nos invade de manera inexorable, intentemos ir a comer a casa y echar un sueñecito, aunque sea corto. Mejor eso que dormir apoyadas en la cisterna del retrete de señoras —cerradas a cal y canto— de nuestro lugar de trabajo, como más de una ha «patentado».

Por la noche, igual. No hay película, por buena que sea, que haga resistir a una embarazada en el primer trimestre. A la cama, que el cuerpo pide más horas de sueño y menos zapping. Y lo mismo respecto al hogar. Si estamos increíblemente perezosas, este es el momento de pasar de la doble jornada. Ya limpiaremos, ya ordenaremos armarios, ya sacaremos brillo a la plata..., o no, porque cuando llegue el niño aún será peor.

> Productos tóxicos

Está claro que la ley protege a la madre y al niño. En caso de **trabajar manipulando productos** que puedan ser **tóxicos** (tintes de pelo o sustancias químicas empleadas para la restauración de muebles), siempre habrá una manera de protegerse o de hacernos sustituir. Esto no es tan evidente cuando nuestro contrato está pendiente de un hilo o simplemente no existe con las garantías necesarias para vivir una maternidad tranquila. En estos casos, hay que confiar en la benevolencia de los jefes o en la ayuda espontánea de los colegas. Pero la salud no se negocia.

> Ambientes muy cargados

Otra situación incómoda es la de trabajar en un ambiente **cerrado, cargado y atestado** de gente que padece resfriados y gripes. Afortunadamente, las oficinas cargadas de niebla producida por el humo del tabaco ya no se ven ni en Londres, pero hasta hace poco nadie se privaba de fumar aunque hubiera una embarazada delante. Libres, ya, de la amenaza del tabaco, solo queda protegerse de los que te tosen encima, en sentido literal. Y lavarse las manos con frecuencia, evita contagios. De verdad.

> Calefacciones. Los aires acondicionados

Nada hay más peligroso para la salud que un edificio inteligente. Sobre todo porque no sabemos si su cociente intelectual es de 140 o más bien tirando a 60. Un ser humano, hasta con una inteligencia de lo más limitada, es capaz de abrir una ventana para regular la temperatura de una habitación o eliminar los malos humos. Sin embargo, no sabemos a qué criterios obedecen los conductos de ventilación y los reguladores de temperatura de estos gigantes de la arquitectura.

Para defendernos de sus comodidades, lo mejor es vestirse por capas y con prendas ligeras. En invierno, a pesar de que en la calle hace un frío que pela, una vez que se cruza la imponente puerta de uno de estos templos de la tecnología y del *lavoro* recibimos una bofetada de aire caliente capaz de reactivar los virus de un solo golpe. Añadido a los calores que de por sí tienen las embarazadas gracias a su actividad hormonal, lo mejor para luchar contra tanta «inteligencia» es quitarse un jersey ligero y quedarse en camisa.

En verano, el proceso se invierte. Del calor sofocante pasamos al frío glacial. Ahí esperan, agazapados, los dolores de garganta, los resfriados estivales —que son malísimos—, los enfriamientos de riñón, las temidas cistitis. Aunque en la calle haga una temperatura tropical, hay que llevar una rebeca o una prenda de punto ligera en el bolso para compensar los fríos a los que nos someten en oficinas, cines, cafeterías y algunos taxis.

2

Gripes y resfriados

Los resfriados de nuestros amigos son nuestros resfriados. Y cuando a ellos se les pasan con un par de dosis de choque, a nosotras nos duran diez días, con sus correspondientes noches sin poder pegar ojo por no poder respirar por la nariz. Y las gripes, peor aún. Nos hacen rememorar los tiempos, no ya del cólera, sino cuando mermaban a la población europea en un par de millones, arrasando desde Rusia hasta Portugal. Pasar dos semanas con tiritonas de fiebre, náuseas

y la cabeza a punto de estallar deja a cualquiera en un estado lamentable. Y más combinado con las «alegrías» de un embarazo. Pero tampoco hay que resignarse sin mover un dedo. En el primer trimestre no es recomendable tomar medicamentos, excepto cuando el médico considere que los beneficios superan a los riesgos. Una fiebre muy alta es peligrosa y ha de intentar combatirse. Por tanto, más vale dar la lata a nuestro doctor que pensar que no podemos hacer nada.

Los trucos de la abuela

- **Para la fiebre:** destaparse. Cuando se tiene una temperatura muy alta, hay que hacerla descender. Baños tibios, beber mucho líquido —agua, zumos— y airear bien la habitación.
- **Para la nariz tapada:** evitar como la peste los ambientes llenos de humo o muy secos. Humidificar el aire con un aparato especial o poniendo recipientes con agua en nuestro entorno para que esta se evapore. Hacer vahos con eucalipto.

— Lavarse, varias veces al día, las fosas nasales con una solución salina. En las farmacias venden unos vaporizadores para bebés que funcionan muy bien. Si no, agua con sal casera y hacia arriba, con una jeringuilla, sin aguja, por supuesto.

— Dormir ligeramente incorporadas, con dos almohadas, por ejemplo, para respirar mejor.

* **Para el estómago:** calditos de los de toda la vida, de pollo, y a una temperatura agradable. Hidratan y nutren, qué más queremos.

— Hacer una dieta blanda: si nuestro cuerpo rechaza la comida, intentar nutrir al niño a base de arroces, purés o sopas.

* **Para las agujetas:** quedarnos en la cama. Nos sentimos como ancianitas a las que los músculos no les responden..., pues hagámosles caso. Es el mejor sitio para combatir un resfriado fuerte o una gripe.
* **Para la garganta que arde:** gárgaras con miel y limón. Por la noche, antes de acostarnos, un vaso de leche caliente con miel. Y hablar poco.
* **Para la tos:** beber mucho líquido. Humidificar. Caramelos.
* **Para todo:** ser un poco egoístas, que nos mimen, que nos lo merecemos. Y siempre que nuestra presencia no sea imprescindible en nuestro lugar

de trabajo, quedarnos en casa: un resfriado o una gripe que no se ataja y se complica es mucho peor para nosotras, para el bebé y, desde luego, para nuestro empleador.

Pensar que no hay resfriado que cien años dure...

Otro niño o un marido en casa y con gripe

Todas las precauciones se vuelven inservibles cuando tenemos al «enemigo» en casa... Si los resfriados son las personas con las que convivimos y somos responsables de su salud, solo queda extremar las medidas de precaución: lavarse las manos, no respirar su aliento, no compartir utensilios de higiene ni de cocina, incluso ponerse una mascarilla de las que venden en las farmacias y esperar hasta que nuestras defensas funcionen. Si caemos enfermas, remitirse al punto anterior con los trucos de la abuela... y suerte.

CLAVE DE LOS RESFRIADOS

Lo más importante, intentar evitar atraparlos. ¿Cómo? Alejándonos de los que los tienen, lavándonos las manos varias veces al día: al llegar a casa, antes de comer, etcétera. Ventilando los lugares cerrados...

ASPIRINA, NO, GRACIAS

El medicamento del siglo, la medicina de la que cada vez se descubren más efectos beneficiosos (desde una mejor circulación sanguínea hasta las cremas que incorporan el ácido acetilsalicílico entre sus componentes), tiene un período de carencia. El embarazo y la aspirina están reñidos. Entre sus otros efectos está la inhibición de las prostaglandinas, por lo que puede retrasar el comienzo del parto. Además, administrada en el tercer trimestre podría influir en el desarrollo del feto y en las posibles hemorragias.

Por ello, como para el resto de los medicamentos, incluidos los de uso común en el botiquín, solo el médico puede aconsejar y fijar las dosis.

3 Enfriamientos. Molestias urinarias

Son, por desgracia, bastante frecuentes. Las mujeres que son propensas han de tener muchísimo cuidado, pues tienen aún más posibilidades de sufrir una o más infecciones de las vías urinarias.

Si se trata solo de un enfriamiento acompañado de los molestos síntomas característicos (dolor durante la micción, necesidad de ir al cuarto de baño cada poco tiempo, dolor en el bajo vientre), con cuidados caseros se aliviará. Pero puede tratarse de una infección más seria, que hay que atajar rápidamente mediante atención médica.

Lo mejor es intentar evitar que se produzca. Para ello, podemos seguir, rutinariamente, estas **medidas higiénicas:**

- Beber mucha agua u otros líquidos. Hay que hacer funcionar el circuito.
- Evitar coger frío en la zona del riñón.
- No aguantar las ganas de hacer pis. Si hay que ir veinte veces al día al baño, se va. Y vaciar la vejiga todo lo que se pueda.

* Por supuesto, seguir una higiene de lo más escrupulosa.
* Utilizar ropa interior de algodón y llevar prendas holgadas.
* Comer productos lácteos con bifidobacterias. Estos microorganismos, según algunos estudios norteamericanos, también son buenos para prevenir algunas infecciones vaginales y sus recidivas.

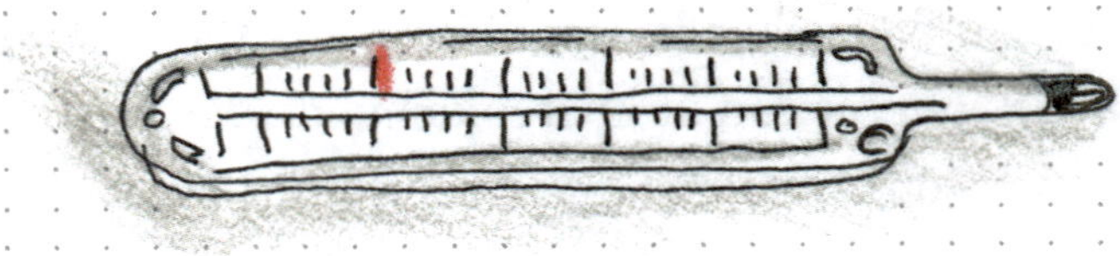

Si la cosa pasa a mayores, hay que ir rápidamente al médico, que en la mayoría de los casos recetará antibióticos que detengan la infección antes de que alcance los riñones, lo que podría ser peligroso tanto para la madre como para el futuro bebé.

4

Náuseas, mareos y vértigos

La náusea es lo menos literario que existe para una embarazada, aunque haya leído a Camus. Las afortunadas que son capaces de seguir con sus hábitos alimenticios normales y estar tan campantes, que hagan el favor de saltarse estas líneas. Pero para las atribuladas que deben compatibilizar unas imperiosas ganas de vomitar con un mareo digno de un tiovivo y una reunión de trabajo inaplazable en la que no conviene mostrarse demasiado «embarazada», poco se puede hacer excepto intentar poner la cara de los que pierden un Oscar y aplauden al que lo gana. O sea, disimular. Y salir disparadas al baño en cuanto termine nuestro calvario.

Tradicionalmente se ha considerado —de modo repugnantemente machista— que muchas de estas molestias eran, si no fruto de la imaginación, sí mecanismos exclusivamente psicológicos, a veces de rechazo inconsciente. Lo que es evidente, sean las causas que sean, que a los doctores queda por determinar, es que el estado «nauseabundo» es una realidad. Y que hay que soportarlo, pero también que en sus vertientes más agudas y salvajes puede ser tan incómodo que pone en peligro la salud mental de la madre y hasta puede justificar una baja. Además, existen medicamentos para los casos extremos.

En los normales, estas medidas por lo menos no los empeoran:

- No ayunar. Ingerir algo de alimento aunque cueste.
- Beber mucho líquido.
- Desayunar en la cama.
- Aumentar el consumo de hidratos de carbono y proteínas. Son eficaces contra las náuseas.
- Comer entre horas. No dejar que nos acosen los jugos gástricos.
- Dormir y procurar evitar el estrés.
- Los medicamentos contra los vómitos se tomarán siempre bajo prescripción médica. En algunos casos pueden interferir con otros medicamentos, con consecuencias negativas.

Los **mareos** se atenúan con reposo a oscuras y en un ambiente tranquilo. Pero se quitan cuando el propio cuerpo lo decide. Lo mismo ocurre con la sensación de vértigo.

5 Dolores de cabeza

Desgraciadamente, es uno de los síntomas que sufren algunas embarazadas que antes ni sabían lo que era eso. Culpables: como siempre, las hormonas. No pasa nada, lo único es que está totalmente prohibido lanzarse a por la caja de aspirinas. Sobre medicación, se debe consultar siempre con el doctor. Jamás hay que automedicarse, pero ahora menos que nunca. El preparado más tonto puede ser dañino para el futuro bebé, especialmente en los primeros meses de la gestación.

Para contrarrestar las molestas jaquecas se pueden emplear ciertas medidas. La mayoría de las veces solo desaparecen al día siguiente, después de una buena noche de sueño. Pero aun así, podemos intentarlo.

Contra la jaqueca

* Descansar a oscuras, tumbadas e intentando relajarnos.
* Hacer algo de ejercicio suave o yoga.
* Dormir lo suficiente. A veces, las jaquecas son consecuencia del cansancio.
* Si no podemos tumbarnos en casa, meternos en los aseos de señoras del despacho y descansar a oscuras veinte minutos.
* No saltarse las comidas. En ocasiones, el descenso del nivel de azúcar en la sangre provoca dolor de cabeza.
* Pasear por el exterior si estamos rodeadas de bullicio, humo y calor.
* Eliminar algunos alimentos, como el chocolate, el vino, los embutidos, el café. A veces, la propia interesada se da cuenta de qué le produce el dolor de cabeza.
* No adoptar malas posturas. Sentarse correctamente frente al ordenador. No realizar esfuerzos bruscos.
* Colocarse paños con agua fría en las sienes o en la nuca.
* Utilizar alguna técnica de relajación (vienen en el siguiente punto, para combatir el insomnio).

6

Contar ovejas

Puede parecer una burla cruel de la naturaleza, pero da la impresión de que nos va preparando para lo que se avecina: las noches de los primeros días de un bebé, una refinada tortura china para todo dormilón/ona que se precie, por mucho que ame a su recién nacido.

A pesar de que podría parecer que el insomnio solo acecha los últimos meses, cuando el volumen de la barriga empieza a ser una molestia (y si no lo es, todo el mundo se empeñará en recordártelo con la tópica frase de «claro, ya empiezas a estar muy "pesada"»), a las pocas semanas de embarazo las menos afortunadas comenzarán a dar vueltas en la cama, a levantarse a intervalos regulares para vaciar la vejiga y a abrir los ojos como platos en cuanto apunten los primeros rayos de sol.

Todo ello es perfectamente normal. El cuerpo está trabajando a tope y la mente también, y conviene evitar la tentación de recurrir a truquitos químicos para caer en los brazos de Morfeo. Pero lo de contar ovejas funciona aún peor.

Para dormir más y mejor

- Irse pronto a la cama. A veces, cuando estamos agotadas, es aún más difícil conciliar el sueño.
- Cenar ligero y un buen rato antes de irse a dormir.
- Tomar un vaso de leche tibia con galletas si se ha cenado hace tiempo.
- Intentar relajarse: un baño corto o, mejor, una ducha; una actividad reposada como la lectura, un poco de música o lo que a cada una le funcione.
- Hacer ejercicio físico regular.
- Evitar el consumo de café o bebidas con cola a partir de la hora del almuerzo, así como beber mucho a partir de media tarde para no tener que ir al baño continuamente.
- Y si todo falla: ponerse alguna película en vídeo de inmediato efecto soporífero. Infalible: *Indochina*, con Catherine Deneuve y Vincent Pérez, sobre todo la última hora.

Técnicas de relajación

No solo son útiles para intentar «coger» el sueño, sino también para aliviar nuestro cuerpo y nuestra mente de tensiones. Realizadas con frecuencia, pueden utilizarse casi en cualquier sitio y en el momento en que necesitemos una pausa. Los actores son auténticos especialistas.

1. A oscuras, tumbadas, con los ojos cerrados, en silencio: nos concentramos en cada una de las partes de nuestro cuerpo, por ejemplo, empezando por los pies, sus dedos, las uñas, los resquicios entre los dedos. Vamos relajando cada zona.
2. Exactamente igual, pero contrayendo y relajando alternativamente cada parte del cuerpo.
3. Imaginamos una enorme pantalla de cine blanca a la que vamos acercándonos, poco a poco, hasta ver blanco, estar rodeadas de blanco, inmersas en lo blanco y la nada.
4. Pensamos en un momento querido y precioso. Intentamos concentrarnos en este pensamiento, guardarlo para nosotras.

7

Enfermedades infecciosas

Las paperas, el sarampión, la varicela... Las madres que ya tienen un niño temen que su pequeño llegue del colegio con la cara llena de granitos. Por él, por ellas mismas y, sobre todo..., por el ser indefenso que llevan dentro.

Muchas de estas enfermedades son muy dañinas para el feto. Otras pueden inducir abortos espontáneos. En cualquier caso, para que sean perniciosas, la madre ha de padecer la enfermedad, lo que no siempre ocurre tras un contacto fortuito con un enfermo.

Para mayor seguridad, en el primer análisis de sangre de las visitas prenatales podemos pedir que nos informen de qué enfermedades hemos pasado de pequeñas o a cuáles somos inmunes. Gracias a ello podremos extremar las precauciones.

Precauciones básicas de higiene

Una vez más el sentido común es nuestro guía para intentar mantenernos en forma y con una buena salud, pero conviene seguir estas precauciones generales:

* Lavarse las manos antes de comer o de tocarse la cara. Siempre que lleguemos de la calle o hayamos estado en contacto con algún enfermo.
* Evitar las zonas con corrientes o la exposición a una fuente de frío.
* No automedicarse.
* Revisar las instalaciones del hogar: los aparatos de aire acondicionado y la posible suciedad acumulada; calefacción; necesidad o no de un humidificador, etcétera.
* Evitar, en la medida de lo posible, el contacto con niños en edad preescolar que vayan a guarderías. Por desgracia, son una fuente constante de resfriados, varicelas y otras enfermedades.
* No compartir vasos, platos o botellas de refrescos ni tampoco utensilios de higiene personal como maquinillas de afeitar o cepillos de dientes.
* Los objetos de maquillaje también pueden causar problemas. Los lápices de ojos o de labios es

mejor no prestarlos ni tomarlos prestados.

- Si es un embarazo planeado, actualizar nuestras vacunas antes de quedar en estado.
- Limpiar bien los objetos de la casa que puedan utilizar extraños, tales como el teléfono o el baño de invitados.
- Extremar las precauciones al utilizar los cuartos de baño de locales públicos o casas ajenas.
- Comer con cuidado. Huir de mayonesas, ostras u otros productos que puedan dar sorpresas. Embarazada, son aún más desagradables y cuesta más recuperarse.

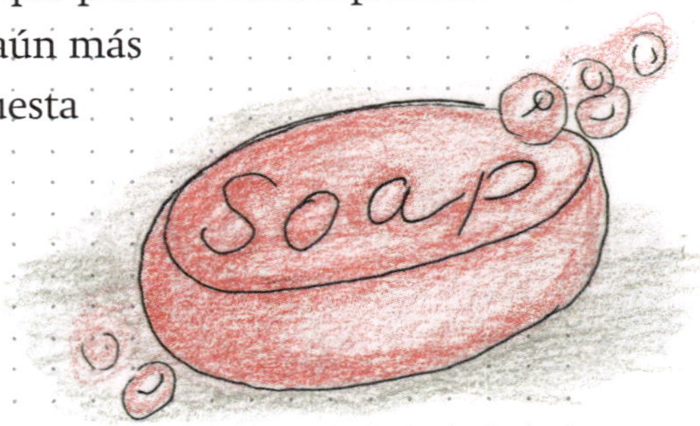

CONSERVAR LA BELLEZA

Además de estar sana, el embarazo es una época ideal para estar y sentirse guapa. La piel mejora su calidad en muchos casos; el pelo está fuerte y brillante; los kilos aportan tersura y juventud..., pero ¿qué pasa con las «ayudas» externas que, a veces, necesitamos para mantener nuestro aspecto?

1

Tintes y mechas

Los productos químicos llegan a la sangre a través de la piel y el cuero cabelludo. Por ello hay que ser especialmente cuidadosas durante estos meses.

Siempre pueden utilizarse tintes vegetales o, en el caso de las mechas, pedir a nuestro peluquero que extreme el cuidado para no tocar la piel. En cualquier caso, según la mayoría de los libros consultados, no hay estudios concluyentes que vinculen el uso de tintes con problemas en el feto, pero siempre es conveniente reforzar las precauciones (los estudios tardan generaciones en dar resultados fiables y, cuando no son del agrado de las grandes compañías que los encargan, a veces, ni salen a la luz).

Una buena solución es aprovechar el embarazo para «volver» a su color natural —o casi— a través de tintes vegetales que no utilizan productos químicos.

2

Tratamientos agresivos

Los cuidados de belleza han evolucionado mucho. Hoy día, en un salón de belleza existen muchos tratamientos sin cirugía con resultados realmente buenos. Quizá por el estado especial en el que se encuentra una mujer que espera un bebé, hipersensible, sea mejor dar a luz antes de someterse a algunos tratamientos que emplean corrientes o inyecciones. A veces, hasta la depilación a la cera fría resulta incómoda. Y la cera ardiendo —que cada vez se utiliza menos— es perniciosa para la circulación sanguínea.

Los tratamientos a base de cremas con ácidos o sustancias de cuya inocuidad no estemos completamente seguras, es más sensato posponerlos. En cada caso particular, lo más indicado es consultar, en primer lugar, con la responsable del centro de estética y, a continuación, con el ginecólogo.

3

Sauna, masajes y talasoterapia

Quien se haya regalado alguna sesión de masaje o baño turco antes de saber que estaba embarazada, que no se alarme porque no hay motivos para ello. No obstante, la subida de la temperatura corporal por encima de los treinta y nueve grados —igual que ocurre con la fiebre alta— no es recomendable, especialmente en las primeras semanas de embarazo.

Un buen baño caliente puede ser el premio al final de una dura jornada de trabajo, además de un buen inductor al sueño que, en ocasiones, tanto cuesta conciliar. Un baño templado y corto, de cinco minutos, puede suplir la carencia para las incondicionales del agua caliente. Para terminar, aparte de la poca conveniencia para la salud del feto, tampoco es lo más indicado para mantener la tonicidad de los sufridos músculos de vientre, piernas y pecho de la madre...

Los **masajes** «normales» no están indicados en el embarazo. Son demasiado violentos, está la imposibilidad de tumbarse boca abajo, etcétera. Pero hay masajes específicos para esta etapa de la mujer que activan la circulación de las piernas o relajan la espalda —en sillas diseñadas al efecto—, alivian algunas molestias y dejan una agradable sensación en todo el cuerpo.

La **talasoterapia**, con sus piscinas de agua caliente y chorros de agua a presión, es mejor dejarla para después del parto. Otra cosa es si se hace «a medida». En piscinas de agua templada o fría, sin chorros, haciendo especial hincapié en piernas y articulaciones..., todo es cuestión de no agredir al vientre ni que nuestra temperatura corporal supere la habitual.

La **sauna** es una costumbre casi diaria en los países nórdicos y las suecas o danesas continúan con su cita habitual también durante estos nueve meses. Sin embargo, para la española de «a pie» puede resultar demasiado sofocante.

4

Dentista

Además de problemas en muelas y dientes es frecuente que las encías sangren y aparezcan llagas en la boca durante el embarazo. En fin, un poema.

Para evitar tener que ir al dentista de urgencias, podemos seguir una serie de medidas preventivas que ayudarán en lo posible a mantener la boca en buen estado.

* No comer dulces, ni beber sustancias azucaradas entre horas. Nuestra báscula también nos lo agradecerá.
* Cepillarse los dientes y la lengua después de cada comida. Usar la seda dental.
* Hacerse una limpieza de boca trimestral para retirar lo que no se quite con el cepillo o la seda. Evitaremos nuevas caries.
* Tomar zumo de naranja, fortalece las encías gracias a la vitamina C.
* Si no tenemos cepillo a mano, comer una manzana a mordiscos o un chicle de los que «limpian» la boca.
* Ir al dentista, con las precauciones necesarias —avisar siempre de nuestro estado— si la

situación lo requiere. Una infección grave en la boca puede tener malas consecuencias.

* Para las llagas, revisar nuestra dieta, por si hubiera un déficit de vitaminas.
* Enjuagarse la boca empleando agua con sal. Pica, pero funciona.

5

Posturas en el trabajo

Lo de «no pesan los años, pesan los kilos...» era una verdad como la copa de un pino. Una mujer que jamás ha sufrido ni lo más mínimo de la espalda puede ver como se llena de achaques según su columna va cargándose de peso mes a mes. Una de las fuentes de dolores más frecuentes es la posición que adoptamos frente al ordenador. Para evitarlo, hay que recordar solo un par de cosas:

Delante del ordenador

- Sentarnos bien derechas, con la espalda recta, no curvada ni hacia atrás ni hacia delante.
- Meter estómago y pegar las vértebras lumbares al respaldo.

- No cruzar las piernas y, si es posible, elevar ligeramente los pies, por ejemplo, colocándolos encima de un par de guías de teléfono.
- Levantarnos de vez en cuando y «estirar» las piernas: activará nuestra circulación.
- Aprovechar para contraer los abdominales: mejorará nuestra postura y los ejercitará.
- No coger el teléfono sujetándolo entre la barbilla y el cuello.
- Al agacharnos, doblar siempre las rodillas y sujetarnos en un mueble u objeto cercano.

> Trabajar de pie

Cuando nuestro trabajo nos obliga a pasar muchas horas en pie, lo mejor es adoptar una postura correcta y aprovechar para sentarnos y descansar siempre que tengamos un ratito.

La circulación sanguínea se resiente, por lo que podemos ayudarla utilizando las medias especiales para embarazada —ya no son tan feas como antes, aunque tampoco es que sean una maravilla— y unos zapatos apropiados, con unos tres centímetros de tacón.

De pie, espalda recta, pelvis en línea recta. Abdominales contraídos, como si quisiéramos «esconder» la tripa.

VIAJAR CON SEGURIDAD

1 Aterriza como puedas

En los **aviones** hay que luchar contra la deshidratación y contra la falta de espacio y la inmovilidad. En el aire la comodidad es una cuestión de medios económicos. En business y first class, *no problem*; en turista, mejor seguir al pie de la letra todos los consejos de los «Manuales para Embarazadas Todoterreno»... Lo mejor es sentarse con las piernas ligeramente elevadas —si el respaldo de delante no se nos incrusta en las rodillas— y al lado del pasillo, a fin de poder levantarnos sin dificultad para ir al cuarto de baño o a dar una vuelta. Lo mejor es reservar el asiento con antelación para elegir uno con espacio delante.

Un consejo: o ir con zapatos relativamente blandos o no sacárselos en ninguna circunstancia. Después de unas cuantas horas de vuelo en calcetines, hay quien ha tenido que salir del avión con los zapatos como si fueran chanclas...

> Restricciones

En cuanto a las restricciones a viajar en avión estando embarazada, hay médicos que no lo consideran aconsejable durante el primer trimestre, y algunas compañías aéreas durante el último. En mi caso, creo que nunca he viajado más que cuando estaba embarazada de mis dos hijos..., aunque supongo que a nadie le apetece ponerse de parto a ocho mil pies de altura y con la azafata preguntando si hay un médico a bordo...; eso, mejor dejarlo para *Aterriza como puedas*.

Hacer ver nuestro estado **a la hora de facturar** puede procurarnos un pequeño trato de favor, pero queda bajo el criterio del personal de tierra. Antiguamente, **Iberia** exigía un pliego de descargo a las mujeres en estado justificando que podían volar.

Hoy día, no existe ninguna restricción para coger un avión, a menos que se llegue al embarque con evidentes síntomas de malestar y haya que llamar a los servicios médicos. La única recomendación que hace esta compañía es no viajar en las últimas semanas, pero es solo eso, una sugerencia.

> Ventajas

Tampoco existen, sobre el papel, ventajas específicas para las viajeras de vientre prominente; se dejan al criterio y la buena educación del personal que hace el embarque. Por ello es conveniente manifestarlo para que podamos acceder al avión en primer lugar. Si no, siempre nos queda la posibilidad de entrar las últimas y así nos ahorramos la cola que se forma mientras todo el mundo acomoda su equipaje de mano.

Cuando ha nacido el niño, es otro cantar. Los menores no pagan más que un diez por ciento del billete hasta los dos años, pero no tienen derecho a asiento. Si lo advertimos en la facturación y el avión no va completo, el personal de vuelo suele acomodar a las familias con un asiento libre de más para poder sujetar el cuco, la sillita o los múltiples bártulos que se llevan cuando se viaja con un bebé. Nos proporcionarán un chaleco salvavidas y nos indicarán que hay que sujetar al «infant» —así se les denomina en los cupones de vuelo— en los brazos de la madre o en la sillita del cochecito mientras se despega y se aterriza. En algunos casos nos proporcionarán un pequeño cinturón para acoplar al nuestro. Solo en las líneas aéreas suizas —competentes, como en todo— nos indicarán incluso de qué manera hay que colocar al bebé: con las piernas hacia un lado y el cinturón puesto, por supuesto.

Eso sí, jamás nos darán un asiento en la salida de emergencia. Los más pequeños están vetados en esta zona..., ¿estorbarán más que un señor de ciento veinte kilos?

CUIDADO CON LOS VIAJES DE AVENTURA

Se viaja con seguridad en aviones comerciales y en vuelos «normales». Esto no es extensivo a las avionetas o aviones con cabina sin presurizar, pues en un momento dado la falta de oxígeno puede ser perjudicial tanto para la madre como para el feto.

Igualmente, durante el embarazo no conviene inocularse ciertas vacunas. Siempre que sea necesario inmunizarse contra alguna enfermedad hay que consultar con el médico.

2

Dos en la carretera

Al emprender un **viaje por carretera** conviene consultar la opinión del médico. Las madres que tienen un historial de partos prematuros, abortos, etcétera, ven como sus ginecólogos no las animan, precisamente, a recorrer la geografía española ni siquiera a bordo de un Rolls. Si tenemos que viajar, y no hay nada que lo impida, estas medidas harán el viaje más llevadero:

* Parar cada cierto tiempo para moverse, beber agua y estirarse un poco.
* Llevar la misma postura indicada para otros asientos: espalda y lumbares pegadas al respaldo, estómago contra la espalda y pies ligeramente elevados, con las rodillas dobladas.
* Las mujeres embarazadas están exentas de llevar el cinturón de seguridad..., aunque parece más seguro ponérselo que arriesgarse a «comerse» el salpicadero. Eso sí, hay que colocarlo de manera que no oprima el vientre.
* Evitar largos períodos de conducción cuando suframos de somnolencia y también cuando empecemos a notar que nuestros reflejos ya no son lo que eran (muy frecuente en el tercer trimestre).

3

Vacaciones en el mar

El barco, como medio de transporte, no ofrece mayor problema que el de añadir un posible mareo suplementario a una persona que, de por sí, ya puede estar bastante mareada.

En cuanto a los cruceros en velero, el mayor riesgo consiste en caerse en la cubierta o al acceder a la embarcación. Por el contrario, las pequeñas lanchas fuera borda pueden ser de lo menos apropiado, sobre todo cuando planean dando saltos al haber algo de oleaje.

CAPÍTULO

5

NUEVE MESES

9
6
3
?

1

¿Qué me pasa, doctor?

—Ya puede vestirse.
—¿Qué me ocurre, doctor?
—Enhorabuena, está usted embarazada...

En las películas siempre es así. No es un prodigio de originalidad. Y además, cuando la protagonista va a consultar al médico por unos mareíllos que le dan de un tiempo a esta parte, sin que se le pase por la cabeza la razón obvia de esas molestias..., un poquito tópico.

En la vida real te lo vas imaginando y te enteras al ver dos rayitas rosas en una prueba de embarazo. A partir de entonces, todo cambia, aunque una se mire al espejo y no note nada diferente.

Conviene visitar al especialista cuanto antes para que compruebe el estado general de nuestro organismo. Como reglas básicas, las del sentido común: **comer bien y descansar mucho**. Esto último parece que nos lo impone nuestro propio cuerpo.

El médico que seguirá nuestro embarazo será,

en la mayoría de los casos, quien nos atienda en el parto, en la medicina privada. En la Seguridad Social, a menos que se efectúe una cesárea programada, el médico del parto será el que esté de servicio, pero sí se puede elegir —hasta cierto punto— el ginecólogo.

Lo ideal es encontrar un médico que nos inspire confianza y al que podamos formular todo tipo de cuestiones sin miedo ni vergüenza. Que vigile el desarrollo del embarazo y aconseje, que tenga en cuenta lo particular —incluso psicológicamente— del estado de una embarazada. Algunas mujeres se quejan de que sus ginecólogos son secos y cortantes cuando les preguntan «de más» y que no les explican nada, atajándolas con un rápido «todo va bien». Probablemente, todo vaya bien, pero unos cuantos detalles no agotarán al doctor y supondrán una valiosa información para una ansiosa madre que hace de cada visita un acontecimiento cumbre.

Es muy útil apuntar en una pequeña lista todo lo que nos preocupa entre una visita y la siguiente, además de las pequeñas molestias que se nos presenten: desde dolores de espalda hasta indigestiones. No hay por qué sufrir en silencio: la mayoría de las veces, el médico puede aliviar un resfriado o dar un consejo de alimentación. Y aunque casi todos los medicamentos llevan el consabido aviso de «si está usted embarazada o cree estarlo...», hay muchos otros que sí pueden ser administrados bajo supervisión médica, valorando los pros y los contras.

Lo ideal es acudir a estas citas acompañadas por el padre de la criatura, cuando el hijo nace dentro de una pareja. De este modo, además de participar en el proceso de crecimiento del futuro bebé —a quién no se le ha escapado una lagrimita escuchando por el altavoz, por primera vez, el corazón de su hijo, o viendo cómo se mueve en la primera ecografía...—, también escuchará «aplicadamente» las recomendaciones del médico, que, a veces, son extensibles al miembro masculino de la pareja.

En el caso de que olvidemos una pregunta o no nos atrevamos a formular alguna de nuestras angustias, bien puede «echar una mano» el padre preguntando a su vez, algo que nos sacará de dudas.

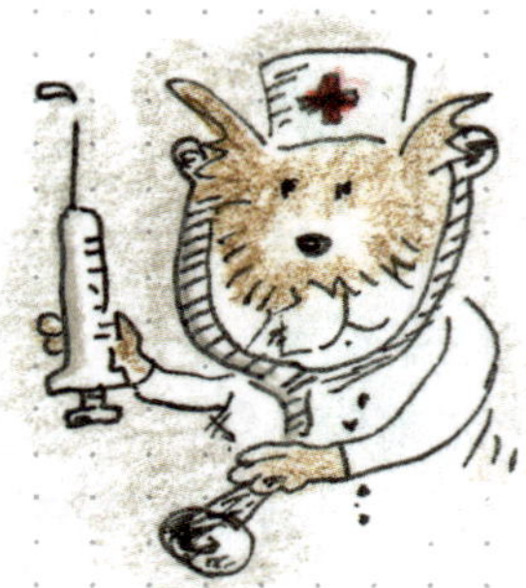

CITA CON EL MÉDICO EN HORAS DE TRABAJO

Muy importante:
los exámenes prenatales, previo aviso y con un justificante, son de obligado cumplimiento si deben realizarse durante las horas de trabajo. Es extensivo a las clases de preparación al parto. Por supuesto, estas horas siguen siendo remuneradas, exactamente igual que si estuviéramos trabajando.

2

De cero a nueve meses

De una célula microscópica a cincuenta centímetros de largo y tres kilos y medio de peso. El recorrido de este camino dura nueve meses, cuarenta semanas, doscientos ochenta días, que no es poco, teniendo en cuenta que para dar a luz a un perrito perfectamente formado, una hembra no pasa más que dos meses de embarazo. Pero el ser humano es el más perfecto de la creación... Y para llegar a crear a un bebé sonrosado y pequeñito, con los puños bien apretados, hacen falta tiempo y mucho amor.

EL BEBÉ, MILÍMETRO A MÍLIMETRO

Un mes

Ahora se le llama «embrión» y es diminuto, más pequeño que la mitad de la uña del dedo meñique... Tiene «cola», casi como un renacuajo, y empieza a desarrollar los órganos que conformarán el cerebro, el corazón, el sistema digestivo.

Dos meses

Ya mide casi tres centímetros, su corazón late —de hecho, podemos escucharlo en algunas consultas médicas equipadas al efecto— y tiene unos miembros que podríamos calificar de brazos y piernas «en ciernes».

Peso: menos de diez gramos.

Tres meses →

A partir de ahora recibe el nombre de «feto». Su sexo está desarrollado, pero en pocos casos puede descubrirse a ojo cuál es. Mueve los bracitos y gira la cabeza. Abre y cierra la boca y traga líquido amniótico. Los riñones ya están en funcionamiento.

Gana peso muy lentamente, todavía no llega a los cien gramos y de largo mide más o menos como medio pulgar.

Cuatro meses →

Empieza a parecerse a un ser humano. Y es posible determinar el sexo a simple vista, pero no siempre es fácil.

La cabeza está más o menos formada, también los pies y las manos, y en la ecografía pueden mostrarnos los puntitos que, más adelante, formarán los dientes. Podremos ver al feto tragar, y ya tiene huellas digitales. Pesa un cuarto de kilo y mide unos trece centímetros.

Cinco meses

El feto es ya más voluminoso. Mide aproximadamente la mitad de su tamaño a término. Está cubierto de vello muy fino y de la capa que conservará al nacer, una sustancia grasa llamada «vérnix». No para de moverse y de dar patadas, y ahora aparece inequívocamente humano.

Seis meses

Su peso va acercándose al kilo. A partir del mes próximo empezará a «engordar».

Ya puede abrir los ojos y distinguir la luz de la oscuridad. También oye sonidos interiores y exteriores. (Es el momento de empezar a «educar» su oído.)

De largo, unos treinta centímetros.

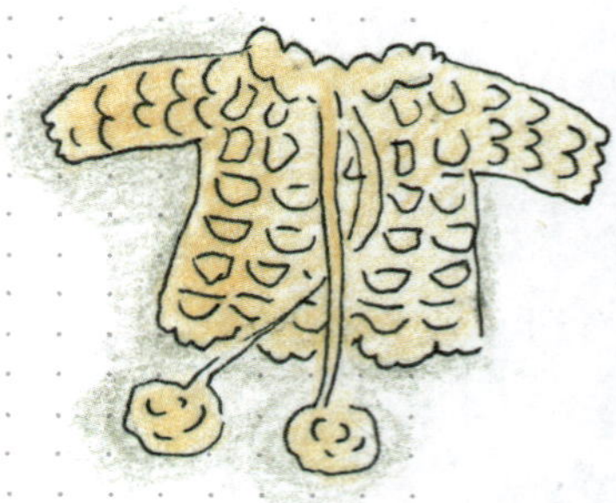

Siete meses →

Ahora ya es un niño y podría sobrevivir fuera del útero con los cuidados necesarios (antiguamente, cuando no había incubadoras, en algunos pueblos metían a los recién nacidos en una caja de zapatos, entre algodones y con botellas de agua caliente...; más de uno de nuestros padres y abuelos está en el mundo gracias a este sistema).

El feto cada vez tiene menos espacio para moverse, aunque desde el exterior no lo parezca. Algunos bebés dan patadas poco filiales en las costillas de sus madres, y eso que todavía no se les ha negado ningún capricho.

El bebé se chupa el dedo, llora y hasta tiene hipo. Es posible notarlo: son pequeños golpes rítmicos, casi como un latido. Es sensible a las emociones de su madre. Hay que pensar en él.

Pesa, por lo general, kilo y medio y mide más de cuarenta centímetros.

Ocho meses →

El bebé emplea este mes, básicamente, en ganar peso —otro kilito, de media— y en perfeccionar dos órganos fundamentales: el pulmón y el cerebro. Está casi «terminado» y mide unos cuarenta y cinco centímetros.

El bebé necesita mucho calcio y mucho hierro. Ya hace «pipí». Se añade al líquido amniótico que le rodea.

Nueve meses →

Cincuenta centímetros y tres kilos y medio. Como en todas las estadísticas, esta sale de sumar a los bebés de dos kilos y medio con los que vienen ya criados, con cuatro kilos. Hay de todo, y todos son bienvenidos...

3

Los preparativos para el nacimiento

Las mujeres se entrenan para ser madres desde que les regalan el primer «Baby Mocosete». Después, nos preparamos durante el embarazo, leyendo, hablando, preguntando al médico. Y aunque lo hayamos leído todo, carecemos de práctica —con el primer hijo— hasta para quitarle un moquito. Por ello, que no cunda el pánico y empecemos por partes.

Dejando de lado lo relativo a la ropa del bebé, lo más importante es tener lo necesario para que cuando lleguemos a casa no haya que salir corriendo a por pañales a la farmacia de guardia.

Así que, eso, pañales talla «recién nacido». De tres a seis kilos. Y eso que, en los países más avanzados ecológicamente hablando, se vuelve al pañal tradicional, el de lavar y colocar con «picos» e imperdibles..., porque un neonato debe cargarse, con el consumo de celulosa de los pañales desechables, un par de bosques amazónicos antes de cumplir el primer año...

LO IMPRESCINDIBLE

Sin lanzarse a comprar toda la canastilla desde el primer mes, es mejor hacer los preparativos poco a poco. Los partos suelen acontecer a los nueve meses, pero muchos niños han nacido a los ocho y siete meses, y con mayor frecuencia —a ojo, entre las compañeras de trabajo— de madres que alternan una jornada laboral fuera de casa con otra dentro del hogar.

LO PRESCINDIBLE

Por el contrario, tampoco es conveniente arrasar las boutiques de moda infantil. En muchos casos, los regalos sobrepasarán la cantidad de modelos que un bebé puede lucir en sus primeros meses de vida y si no son de nuestro gusto, en la mayoría de las tiendas admiten cambios.

Otra razón es que, frecuentemente, nos equivocaremos con las tallas con nuestro primer bebé. Esa ranita muy fresca que nos encantaba y que nos costó carísima la estrenará un primito.

A nuestro bebé no le entraba ni la oreja en la talla uno durante el primer verano de su vida.

La cuna

Las sabanitas conviene guardarlas hasta el último momento. Así no cogen polvo y el bebé disfruta al llegar a casa de sábanas limpias.

No hay que arropar demasiado a los niños. Los estudios sobre la muerte súbita del lactante —todavía no saben a qué se debe— coinciden únicamente en tres puntos: se produce con mayor frecuencia en niños de madres muy fumadoras, en aquellos que estaban excesivamente cubiertos o en habitaciones demasiado caldeadas, y en los que duermen boca abajo.

Los especialistas recomiendan que no haga demasiado calor en la habitación del recién nacido. Y un par de mantas ligeras es más que suficiente. Ahora venden un tipo de edredones que se «abrochan»

como si fueran un vestidito, de tal manera que los bebés no pueden asfixiarse. Son tan prácticos en invierno que hay que vencer la tentación de tener al niño todo el día en pijama y «edredón».

Un humidificador es muy útil en las zonas de clima seco, en el interior. Los recién nacidos hacen ruidos muy extraños, porque tienen mucosidades. Es normal, y si estornudan con frecuencia, suele ser porque así expulsan lo que les molesta. Son mejores los humidificadores de aire frío. Pero, ojo, ya que hacen descender mucho la temperatura de la habitación. Y además de humidificar el ambiente, hace un frío que pela...

› El baño

Al principio, una bañera de adulto es excesivamente grande. En la bañera de bebé es difícil sostener y lavar al niño al mismo tiempo. Y si no, se puede ayudar con una hamaquita especial para sujetar al niño dentro de la bañera. También existen unos baños en forma de cubo en los que este permanece sentado, flotando en el agua. Son aún más prácticos que los tradicionales.

El cambio del pañal

Si cambiamos al bebé una media de ocho veces al día encima de la cama, una cosa es segura: dolor de espalda. El cambiador no es el típico capricho para la habitación del niño. Resulta muy útil, sobre todo si tenemos en cuenta que los varones tardan más en volverse «limpios», y esto puede prolongarse hasta los dos años y medio. Por otro lado, no es necesario comprar un cambiador; una cómoda a una buena altura, con un colchón impermeable y mucha vigilancia para que el bebé no ruede, hace el mismo servicio.

Los intercomunicadores

Se colocan en la habitación del bebé cuando circulamos por el resto de la casa y son muy útiles. Ojo, porque hay mucha diferencia entre los diversos modelos del mercado. Unos funcionan bien y otros, muy mal. Y el precio es parecido.

PRECAUCIONES EN EL HOGAR

Una casa con niños no será nunca la portada de una revista de decoración. Aunque hasta que el bebé sea capaz de desplazarse por sí solo no sea necesario modificar el orden y la seguridad de nuestro hogar, no está de más saber lo que nos espera.

- Los productos de limpieza es mejor trasladarlos a un armario alto.
- Los enchufes se cubren con unos tapones especiales hechos de plástico.
- Las esquinas de las mesas se amortiguan con tacos de caucho —que siempre se caen—. Lo mejor, aunque no muy estético, lo vi en la casa de unos amigos con cuatro niños. Su mesa estaba «forrada» de gomaespuma gorda sujeta con cinta aislante. Era un tipo de mesa que recordaba a los embalajes que hace Christo, el artista que empaqueta desde un atolón en la Polinesia hasta los puentes del Sena, pero cien por cien antibrechas y antichichones.
- Las mesas con sobre de cristal, al trastero.
- Las puertas y ventanas que dan al exterior, mejor con un sofá delante.
- Las terrazas, con una malla de las que se ponen en las barandillas cuando se tiene gato o perro pequeño en casa, para que no puedan meterse entre los barrotes.

TRUCO:

lo ideal es ponerse a cuatro patas en la puerta de entrada y recorrer así toda la casa, comprobando todos los peligros a los que puede enfrentarse nuestro retoño, y, por supuesto, ponerles remedio.

› Los animales en casa

Son los mejores compañeros para un niño pequeño, pero un gato que se echa a dormir en el moisés del bebé a riesgo de asfixiarle no es nada agradable. Por mucho amor que les tengamos, mejor no dejarlos nunca a solas con un recién nacido. Habrá que ir acostumbrándolos a «salir» o no entrar a ciertas habitaciones.

Durante el embarazo, a veces los gatos son proscritos del hogar hasta comprobar si pueden transmitir la toxoplasmosis. En ese caso habrá que buscarles otra madre «adoptiva».

EL SÍNDROME DEL NIDO

El embarazo toca a su fin y, más voluminosas que nunca, de repente nos entran unas ganas locas de ordenar armarios, limpiar altillos y llenar la nevera a reventar... Todo tiene una explicación, es el llamado «síndrome del nido». Como un gorrión que construye su hogar para la eclosión de sus huevos, las futuras madres preparan la casa para que no falte de nada cuando llegue su pequeño.

4 Trabajar embarazada

> ¿Resulta compatible?

Estar embarazada no es ninguna enfermedad. Aunque algunas mujeres sufren molestias que pueden acarrear una disminución de la «productividad». Pero no más que si un empleado varón se hace un esguince jugando al fútbol o falta más de la cuenta debido a su inclinación a las salidas nocturnas. Y eso no contribuye a aumentar el índice de natalidad —bueno, algunas salidas nocturnas, sí—. Esto es lo que los jefes —mayoría de hombres— deberían intentar comprender. Ellos también tienen hijos y mujeres que han debido aprender trucos de magia para combinar trabajo y maternidad.

Nosotras mismas somos, en ocasiones, nuestras primeras «censoras» a la hora de ocultar malestares matutinos, cansancio y otras molestias inherentes al embarazo. No hay que pasarse. Es el momento de ser egoístas y pensar, no ya en nosotras mismas, sino en el bebé que está en camino.

Como regla para extremar la sensatez, y aunque parezca una perogrullada, conviene recordar que lo que hay ahí dentro es un niño y que si con un bebé de un mes ni se nos pasaría por la cabeza saltarnos una toma, al feto tampoco puede privársele de una comida por una reunión que se alarga eternamente. Es el momento de levantarse y, con educación, decir que proseguiremos en una hora. Y correr al restaurante más próximo.

› Cómo «mantener el tipo»

* Siempre que te pregunten qué tal estás, contestar «¡bieeenn!» con una gran sonrisa. Resultará más eficaz cuando de verdad haga falta decir que una se encuentra fatal. Es como la historia de Pedro y el lobo. Si andamos quejándonos a todas horas, cuando de verdad estemos mal, a nadie le importará.
* Vestirse lo menos «embarazada» posible. Hay jefes que ni se enteran de que sus empleadas están en estado hasta que un día, se ponen de parto. En teoría, nada hace suponer que haya la más mínima discriminación o malestar en una

empresa con una mujer que ha decidido tener hijos. En la práctica, hay de todo. Lo que hay que tener claro es que no se puede tolerar ninguna discriminación por este motivo.

* No pasarse de discreción. Si nos encontramos realmente mal, son más importantes nuestra salud y la de nuestro hijo que todos los clientes del mundo. Al comunicar el embarazo, la mujer tiene derecho a faltar determinadas horas para cumplir con las visitas prenatales. Y existen las bajas por enfermedad. Además, casi todos los jefes y jefas son padres y madres. Existe cierta solidaridad entre los que están en el mismo barco.
* Procurar ser independiente en los desplazamientos de trabajo. Viajar en grupo tiene una serie de exigencias (cenas, horarios, etcétera) que pueden sernos incómodas en estas circunstancias. Es el momento de largarse por su cuenta, incluso si ello implica tener que viajar con una pequeña bolsa para no depender de una maleta. Y más vale pagarse un taxi que tener que esperar hasta las tres de la mañana para volver en el autobús con los de la «ofi».

El trabajo dignifica, a veces

Y otras, es un engorro. Por mucho que nuestra actividad profesional nos satisfaga, en estas circunstancias hay ocasiones en las que, probablemente, fantaseemos con una vida de «maruja» que, como bien se descubrirá durante la baja por maternidad, no tiene nada de regalada.

Si se sigue una serie de pautas para aligerar los momentos duros, podremos disfrutar de lo mejor de nuestra profesión con la satisfacción de la gallina clueca...

- Cumplir lo antes posible con el trabajo para no tener que prolongar en exceso la jornada laboral. Si nos piden que la alarguemos sistemáticamente, hay que empezar a dejar las cosas claras. A menos que vayamos a criar al niño por correspondencia.
- Tomarse momentos de descanso. Y también un tentempié.
- Acostarse muy temprano. Dormiremos más y la jornada se nos hará menos pesada.

APRENDER A DECIR NO

Muchas mujeres tienen problemas a la hora de decir claramente «no». En ocasiones, las personas que nos rodean están pendientes de nuestras necesidades e intentan evitarnos cualquier situación incómoda. Pero otras muchas no se dan cuenta de que lo que nos están pidiendo supone un esfuerzo para nuestra salud y la del futuro bebé. En estos casos, hasta las más apocadas y obedientes deben sacar fuerzas y negarse a hacer ciertas cosas. Sobre todo ellas, las que nunca se niegan a nada, no podrán ser consideradas «conflictivas» o «poco dispuestas», porque siempre lo están.

Sí ☐ No ☒ Ns/Nc ☐

5 Las clases de preparación al parto

Desde hace unos años es frecuente asistir a estas clases en las que enfermeras, doctoras, matronas, fisioterapeutas y otras expertas en maternidad enseñan a la futura madre todo lo que pueda serle de utilidad durante el embarazo, parto y crianza del bebé.

A veces resulta complicado combinar los horarios laborales con estas sesiones, pero hay que saber que la mujer tiene derecho a asistir a estos cursos sin que por ello deje de percibir su salario.

Las técnicas de respiración que imparten en estos cursos se han hecho muy populares gracias a las imágenes de cine y televisión que con frecuencia muestran a una mujer sudorosa resoplando entre gemidos de la mano de un marido completamente perdido, aunque se supone que ellos también van a clase.

Como contrapunto, también televisivo, en una serie clásica de la pequeña pantalla, *Doctor en Alaska*, el galeno del título daba un único consejo a las madres que se afanaban en los ejercicios de respiración de la clase prenatal: «¡Pedid que os pongan la epidural!». Está claro que los guionistas pasan por encima de la medicina y de quien haga falta para hacer un buen chiste. Pero de la eficacia de las buenas clases preparatorias en las que se aprende todo sobre los bebés y lo que cuesta traerlos al mundo, no duda nadie.

Los ejercicios de respiración son bastante sencillos, tanto, que conviene preguntar a alguna de las enfermeras que atiendan en el parto, o a la matrona, si no se conocen. Y si se han aprendido en clase, no estará de más que nos refresquen la memoria. El momento lo exige.

CAPÍTULO

6

EL NACIMIENTO

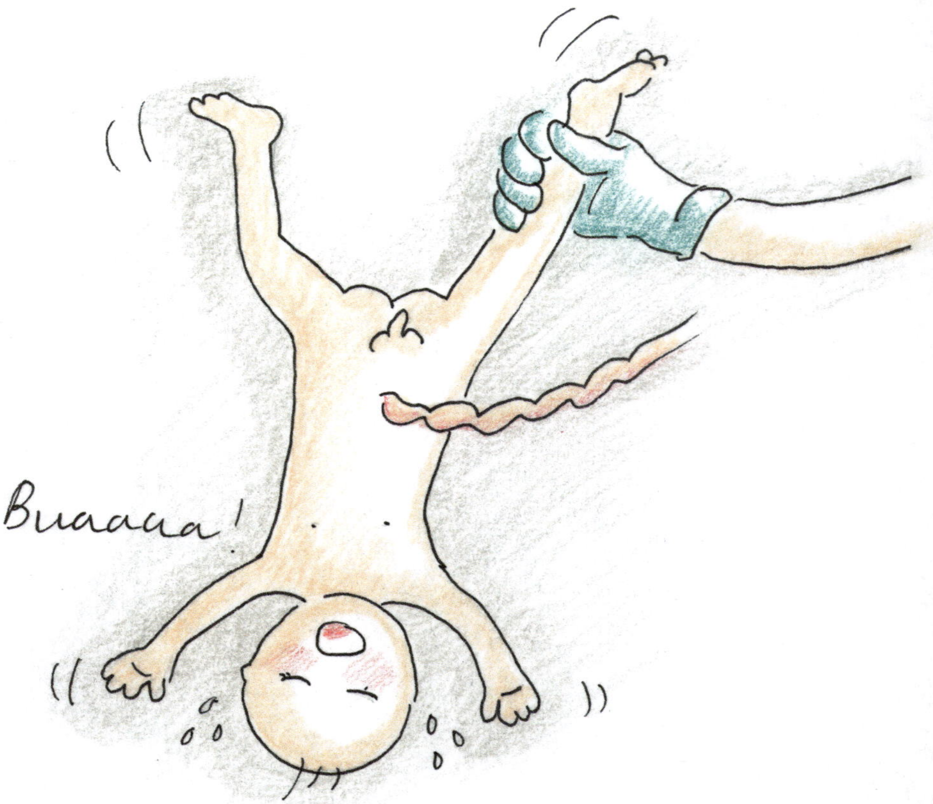
Buaaaa!

1 Batallitas sobre el parto

Ahora que el servicio militar ya no es obligatorio, los hombres tendrán que buscar otro tema de conversación para competir con las batallitas de los partos. Antes, el campamento en Cerro Muriano con un sargento que era un... y un furriel que era otro pedazo de... daba para aburrir al abuelo Cebolleta. Ahora, ellas hablan de la conveniencia o no de la oxitocina, el parto natural, los rasurados muy apurados y la epidural; las mujeres ganan por uno a cero.

Dar a luz a un ser vivo es un milagro. Y cada vez que ocurre, aunque sea la millonésima vez que nace un bebé, es única. Para sus padres, para sus abuelos, para sus hermanos... y para la mujer que ha conseguido llevar a término su embarazo y, por fin, contempla la carita que tantas veces había imaginado. Que casi nunca es como habíamos fantaseado. Pero esa es otra historia.

Desde pequeñas hemos «pegado» la oreja a las conversaciones en las que las señoras hablaban de comadronas, goteos, dilataciones... intuyendo que ahí había algo reservado a los adultos. Y había cada historia... —unas exageradas y otras no— que llegaban a poner los pelos de punta a las niñas más sensibles.

Recuerdo al padre de una amiga —ginecólogo— que entró muy alterado en el cuarto en el que estábamos viendo una película del Oeste. La protagonista, una mujer curtida en la lucha contra los pieles rojas, pegaba alaridos agarrada a los barrotes de la cama mientras otras damas acarreaban toallas y palanganas. Las niñas lo mirábamos aterrorizadas. Y el padre de mi amiga se arrancó a gritar: «¡Así llegan todas!, ¡muertas de miedo! ¡La culpa la tiene la televisión!». Como aprendí tiempo después, la televisión suele tener la culpa de casi todo.

Dejando las anécdotas a un lado, las «batallitas» que hayamos podido escuchar a madres, abuelas y hermanas son responsables de nuestra idea de cómo será «ese» momento. Y la mayoría de las veces no se parece en nada. Dice el refrán que cada uno ve la feria como le va en ella, y en este caso es bien cierto. Del bíblico «parirás con dolor» al «¡que me pongan la epidural!» solo han pasado veinticinco años, que para la mujer son como veinticinco siglos.

2 Cuándo ir al hospital

Muchas mujeres, sobre todo las madres «novatas», tienen miedo a no reconocer el momento del inicio del parto. ¿Hasta qué punto es normal que te duela una contracción?, o ¿de verdad esto son contracciones de parto?, ¿hay que esperar hasta que duela mucho?, ¿me mandarán a casa con una sonrisilla de suficiencia?

Con la vida de un niño no se juega y con el momento en que llega al mundo, mucho menos. Vale más volver del hospital tranquilizada que aguantar demasiado y dar a luz en un taxi, sin ginecólogo y, encima, con la radio a tope. Sin exageraciones ni bromas, es importante llegar bien y con tiempo al hospital.

Y para aquellas futuras madres que quieran una respuesta concreta, aquí están las recomendaciones de una experta en recién nacidos y madres, la matrona Mari Luz Benavent, de la Fundación Jiménez Díaz.

Cuándo se debe ir al hospital

Con la maleta preparada, a ser posible con el padre de la criatura y sin más acompañantes:

- Si la bolsa se ha roto, aunque no se tengan contracciones.
- Si se sangra de manera abundante.
- Si se tienen contracciones. Esperar una hora, en el caso de las primíparas, hasta que se regularicen algo. Las madres reincidentes, en cuanto empiecen.

3

Qué llevar a la clínica

Una vez que el bebé ya ha nacido, la estancia en la clínica será, por regla general, de tres días en el caso de parto natural y sin complicaciones, y de unos cinco en el caso de cesárea. Por supuesto, esto depende de cada caso en particular y del régimen en el que se ingrese —medicina privada, Seguridad Social, etcétera—. Para que la estancia sea cómoda hay que llevar un mínimo de objetos y prendas de vestir.

La maleta de la futura mamá y del bebé conviene tenerla preparada un par de meses antes de la fecha prevista del parto. Muchos niños nacen antes de término y conviene estar listos. Los hombres nunca encuentran el camisón que necesitamos ni el pijamita que queríamos.

Para la mamá

- **Tres camisones**, abiertos por delante, si se va a dar el pecho. Por cierto, el picardías, mejor para otra noche loca que para recibir visitas, sean facultativas o no...
- **Una bata**. Mejor si no parece la típica «bata». Una prenda de buen corte, tela ligera y sin brillos cumplirá con la función de «uniforme» mientras estemos en el hospital.
- Hay que tener en cuenta que en los hospitales hace mucho calor, por lo que la ropa de pleno invierno nos agobiará aunque corra el mes de diciembre.
- **Unas zapatillas** con las que no parezca que estamos «en zapatillas».
- **Bolsa de aseo** con nuestros productos habituales más un jabón ácido para la limpieza de los puntos, si hay episiotomía. Algunas matronas recomiendan un secador de pelo para secar la zona; otras, la toalla de toda la vida.
- Justamente, **una toalla** de las de casa, mullida y esponjosa, nos resultará de lo más agradable. Ni en los mejores hospitales saben lo que es eso de «rasca, mamá».
- **Sujetadores** de la talla que llevemos en ese momento, y que sujeten bien.

- Si vamos a dar biberón, sujetador de la talla anterior al embarazo, y que sujete bien también.
- **Ropa para salir de la clínica**. No conviene ser demasiado optimistas. Aunque muchas mujeres abandonan la clínica con el mismo tipo que tenían nueve meses antes, la mayoría, además del bebé, se lleva unos cuantos kilos de más.
- **Compresas de algodón**, de las de farmacia.
- **Faja posparto**, si se va a llevar (recomendada, muy recomendada).

Para el bebé

- Seis **bodies o camisitas** de batista.
- Tres **pijamas**.
- **Productos de aseo:** pañales, crema para el culito, loción limpiadora, esponja, chupete, colonia, gasas, etcétera. En la mayoría de los hospitales y clínicas regalan unas cajas que contienen una buena variedad de productos específicos para bebés (muestras) y para las madres. Te pueden sacar de más de un apuro. Se ve que los padres recientes son un sector de lo más activo en el consumo...

- Un **conjunto** para salir de la clínica, con gorrito. Los bebés pierden mucho calor por la cabeza.

Normalmente, en los hospitales proporcionan los productos higiénicos y farmacéuticos que necesitamos para el cuidado de nuestro recién nacido, pero en el caso de que no lo hagan, estas son las necesidades básicas:

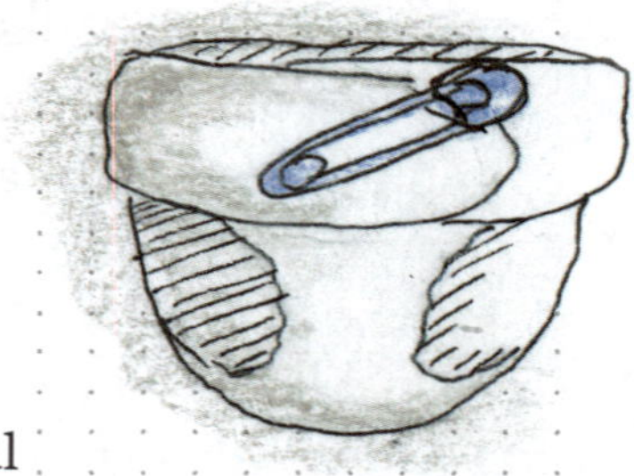

- **Suero** fisiológico para ojos y fosas nasales.
- **Alcohol de 70º y gasa estéril** para limpiar el ombligo dos o tres veces al día, hasta que se caiga, normalmente al final de la primera semana de vida.
- **Toallitas desechables**, discos de algodón o esponja para limpiar el culito con agua tibia y jabón neutro.
- **Crema** para el cambio del pañal. Casi todas las marcas tienen una con óxido de cinc en su composición.

DEL NEGRO AL AMARILLO

Aviso para madres inexpertas: los primeros días, los recién nacidos hacen una «caca» de color negro verdoso y de consistencia similar a la del alquitrán. Se trata del meconio, la sustancia que traían en el intestino, recuerdo de su paso por el vientre materno. Lo irán eliminando en un par de días. Después, si se les da el pecho, sus deposiciones se vuelven muy amarillas, líquidas y granulosas.

4

El parto

El parto consta de varias fases:
dilatación, expulsión y expulsión de la placenta.

La dilatación

Consiste en eso, en la dilatación del canal del parto, del cuello del útero. Hay una primera etapa en la que se inicia el borramiento del cuello. Puede durar días y sin que se note ningún dolor. Las contracciones pueden confundirse con las que se experimentan a partir del sexto mes.

Este proceso es más largo en las primerizas, aunque hay muchas mujeres, primíparas incluidas, que llegan a una dilatación muy avanzada sin notar ningún dolor o, como mucho, los calambres típicos de la menstruación. Cuando los dolores son inequívocamente de parto, quiere decir que ya se ha entrado en una fase más activa, en la que las

contracciones son más frecuentes, intensas y regulares.

Para acelerar este proceso, en algunos casos, se utiliza el goteo con oxitocina, la hormona responsable de las contracciones uterinas. Entonces sí que duele. La segunda fase de la dilatación dura, más o menos, hasta que se alcanza una dilatación del cuello de unos siete centímetros.

De los siete a los diez centímetros es la última parte del trabajo. Esta fase es la más rápida y las contracciones son fuertes y muy seguidas. Aquí es cuando, según las clases de preparación al parto, se debe coger aire y soltarlo rápidamente. Y no hay que empujar, todavía.

> La expulsión

Es la fase en la que se debe empujar al niño al mundo. No hay reglas. Muchos niños nacen casi «sin empujarlos» y a otros se les ha de ayudar con fórceps, ventosa y matronas que desde fuera deslizan al bebé por el canal apretando con el brazo en la tripa de la madre.

En los hospitales españoles colocan a la madre en una camilla con las piernas por alto, entre las cuales se sitúa el médico. Hasta ese momento ha sido la matrona la que ha «llevado», básicamente, el parto.

A partir de entonces, lo mejor es hacer caso de todo lo que nos digan y concentrarse en la tarea. En algunos casos, el ginecólogo efectuará una **episiotomía**, un corte en la zona perineal para facilitar la salida del niño. Una amiga asistió —en Estados Unidos— al parto de su hermana y la situaron en primera línea de visión, al lado del ginecólogo: el marido estaba a la cabecera de la parturienta. Y cuando el médico sacó unas tijeras enormes y pegó un corte —a lo vivo—, automáticamente obtuvo un aullido como respuesta y una mujer traumatizada —la hermana testigo— que está pensando seriamente en la adopción. Los partidarios de esta práctica niegan que duela porque:

— Si se está pariendo sin anestesia, a veces aplican un anestésico local para paliar el dolor que produce el corte.
— Con anestesia no suele doler. Y cuando suturan el corte, solo notamos como si «tiraran» de la zona, pero sin sentir dolor.

Hoy día, la episiotomía es uno de los temas a discutir antes del parto con el ginecólogo y la matrona, abierta y sinceramente, expresando todos nuestros miedos y preocupaciones. Todos los organismos médicos, desde la OMS a las asociaciones de ginecólogos y matronas, aconsejan no practicar episiotomías rutinariamente y, sobre todo, no practicarlas más que cuando sea realmente imprescindible.

Para empujar, a los lados de esta camilla, hay unos asideros. Lo mejor es agarrarse a ellos bien fuerte y, cuando llega una contracción, llenar los pulmones de aire y empujar, levantando la cabeza como si quisiéramos mirarnos el ombligo —en su estado original, no en el de los nueve meses—. Empujar, empujar, cada vez que llega otra contracción. A veces, sale en tres empujones. Otras, lleva más trabajo.

Cuando nos hayan administrado algún anestésico que nos impida sentir las contracciones, será la matrona la que nos dé la orden de empujar. Ella sabe cuándo llega el momento.

Y entre contracción y contracción hay que intentar relajarse y respirar para llevar oxígeno al bebé.

> La expulsión de la placenta

El bebé ya ha nacido y respiramos aliviadas. En casi todos los hospitales españoles acostumbran a favorecer el primer contacto entre la madre y el recién nacido —por supuesto, también con el padre— y una vez hechas las presentaciones —de lo más emocionante—, el bebé pasa a las manos de la matrona y los pediatras para limpiarle las vías respiratorias, hacerle el test de Apgar —una valoración en una escala del uno al diez de su estado físico al minuto de su nacimiento, y que se repite a los cinco minutos— y prodigarle los cuidados que sean necesarios. Y la madre, que se cree en muchos casos que todo ha terminado, ve como aún quedan algunos cabos sueltos.

En primer lugar, habrá que esperar a expulsar la placenta. Para ello, a veces se administra oxitocina, para acelerar las contracciones y reducir la hemorragia.

Y una vez expulsada la placenta —un pedazo de carne enorme que parece la pieza de hígado expuesta en las carnicerías—, queda la labor de aguja y dedal si se ha practicado una episiotomía.

> La episiotomía

O los «puntos», como vulgarmente se denominaba a la episiotomía reparada y de la que tantas quejas hay (algunas amigas la calificaban, con lágrimas en los ojos, de «mordeduras de piraña» en cada movimiento), y que se realizaba «por sistema» para acelerar y facilitar la expulsión. También, porque se considera que da mejores resultados la sutura de un corte «limpio» que los posibles desgarros producidos en un parto sin episiotomía (aunque la episiotomía corta más «profundo», en ocasiones llegando al músculo). Lo cierto es que en el último momento es el ginecólogo quien debe valorar si la zona perineal puede resistir el embate del niño sin desgarrarse y si no es necesario dar este último empujoncito para acelerar el nacimiento.

En el caso de que **los puntos o el cuerpo** duelan mucho se puede pedir medicación contra el dolor, y hasta un anestésico local. Además, resulta útil —truco utilizado por algunas amigas— sentarse encima de un flotador. Suena ridículo, mas parece que funciona. Pero de los que no tienen una cabeza de patito por delante...

Y si **siguen doliendo muchísimo**, hay que ir al médico porque esto no es normal. Una compañera de trabajo se quejaba mucho. En el hospital no le daban importancia, pensaban que era la típica quejica. Al final tuvo que ir a urgencias, donde descubrieron que tenía la sutura infectada.

Es una zona muy delicada y conviene que quede bien reparada para evitar futuras molestias y problemas.

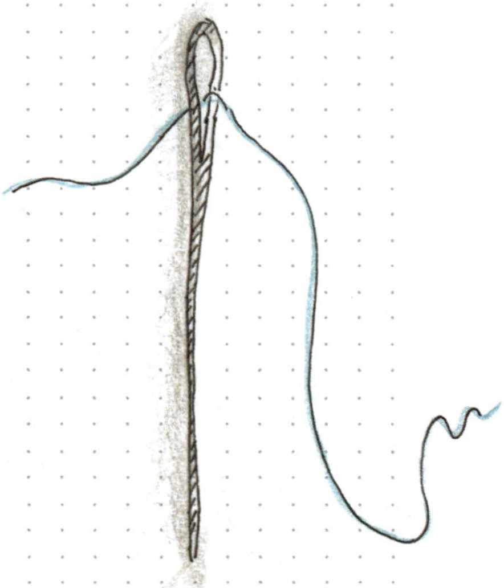

A la habitación

Una vez terminado el parto, algunas mujeres sufren arcadas o incluso vomitan. Otras se quedan como nuevas —es lo más frecuente— y, aunque no se está para muchos trotes, nuestro cuerpo acaba de pasar por un proceso natural para el que está perfectamente preparado. Sin salir corriendo, después de dejar

transcurrir un tiempo prudencial, lo mejor es reponer fuerzas, bebiendo agua o algún líquido e ingiriendo una comida suave.

Parir supone un ejercicio físico de lo más completo. Las agujetas del día siguiente nos harán pensar en las de los cien metros vallas en el caso de que supiéramos saltar los obstáculos. Y esa misma noche podemos empezar a notar doloridos todos y cada uno de los músculos de nuestro cuerpo, utilizados al máximo en cada empujón. No es broma. Puede doler desde el cuello, tenso en los esfuerzos, hasta la cara anterior de los brazos, de agarrarse fuerte a la mesa. Pero estos dolores son los del trabajo bien hecho y no molestan más que al darse la vuelta en la cama.

Como conviene reponer fuerzas durmiendo, puede pedirse un calmante para el dolor o una pequeña ayuda para conciliar el sueño, pues lo normal es estar excitadísimas de «haberlo conseguido» y de nuestra nueva condición de madres. Por no hablar de lo más importante, del bebé.

5

Parirás sin dolor

La anestesia

Desde hace unos años, la aplicación en los partos de la **anestesia epidural** ha cambiado, radicalmente, la percepción que de este momento tienen las mujeres. Esta anestesia elimina el dolor en la zona pélvica y, a veces, insensibiliza un poco las piernas, permitiendo vivir el propio parto totalmente conscientes y sin ningún dolor. Teóricamente, los efectos de la epidural tardan veinte minutos en aliviar el dolor. La realidad —solo hay que preguntar a la mayoría de las mujeres que han dado a luz bajo sus efectos— es que a los pocos minutos el dolor de las contracciones se hace mucho más llevadero, hasta desaparecer. Lo ideal es no sentir dolor pero sí tener sensaciones, sobre todo en el canal del parto, a la hora de la expulsión. Por tanto —aunque los «expertos» negarán la mayor—, lo cierto es que compensa siempre. Aunque a veces te digan lo de «total, para lo que queda, ya no te va a hacer efecto». No hará efecto al cien por cien, pero efecto, hace.

Bajo su influencia se realizan, también, muchas cesáreas, con lo que las madres no se pierden el momento en que su hijo sale al mundo, y además, no tienen que recuperarse de los efectos más molestos de una anestesia general.

La aplicación de la anestesia epidural queda bajo el criterio del ginecólogo, de la matrona y del anestesista.

Todavía se utiliza, en muchos casos, la **anestesia general**, sobre todo en las cesáreas de emergencia. Y también se puede usar la **anestesia espinal**, más rápida aún que la epidural en sus efectos.

Tradicionalmente, para paliar los dolores, se administraban fármacos, vía oral o intravenosa. En el caso de los inyectados, hay a quien le resulta de lo más desagradable; también a quien le parece el no va más. Sobre gustos, no hay disputa.

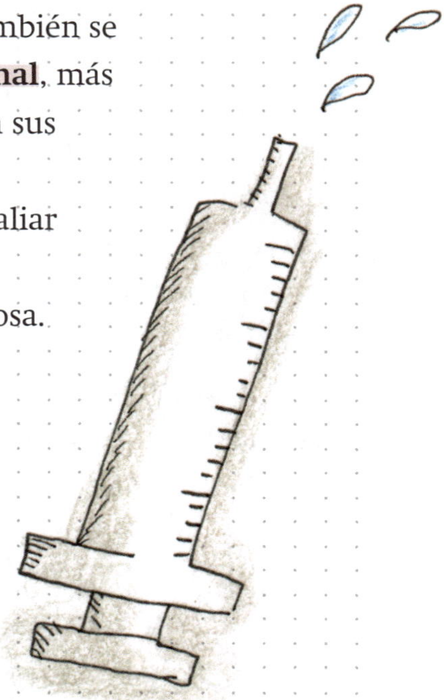

6 Lo más natural

La lactancia materna

Una vez en la habitación puede que estemos demasiado excitadas para poder dormir. O todo lo contrario, la tensión que hemos sufrido desciende, por fin, y nos quedamos fritas.

Si tenemos la intención de dar el pecho a nuestro hijo, lo ideal es comenzar lo antes posible. A las tres horas se coloca al niño diez minutos en cada pecho. Si, como es natural, no tenemos mucha experiencia, lo mejor es pedirle a alguna enfermera que nos ayude.

Los primeros días la sustancia que mana del pecho es el **calostro**, un líquido claro pero cargado de efectos beneficiosos para la salud de nuestro bebé. Cada vez que le damos el pecho le estamos inmunizando.

La leche tardará todavía un par de días en subir. Aparece antes en las mujeres que ya han tenido otros niños. Y conviene, en todo caso, tomar algunas precauciones para que la «subida» no nos pille desprevenidas.

* **La primera es beber poco líquido**, pero realmente muy poco, los días segundo y tercero después del parto. Hay que pasar sed. Si no, la mañana en la que nos suba la leche nos despertaremos con dos globos hinchados a niveles que jamás podríamos haber imaginado y además duros como piedras. Poner a un recién nacido a chupar de estas dos cantimploras gigantes y poco acogedoras, además de ser complicado para él, hace ver las estrellas al nuevo sex-symbol en el que nos hemos convertido.
* **La segunda es llevar puesto el sujetador**, ya; día y noche, desde que dimos a luz. La variación del volumen en pocas horas va a ser importante, y eso hay que prevenirlo.

Cómo dar el pecho a tu bebé

Cuando nuestras madres fueron madres, la moda, si es que puede calificarse de tal, era alimentar con biberón. Suponía la independencia de la mujer, recién conquistada, la ruptura de la última atadura que la ligaba a la casa y a la crianza de los niños. Biberón, tampones y píldora: tres ítems del siglo XX que «liberaban» a la mujer de estar pendiente de su condición femenina y reproductora.

Veinticinco años después, o cuarenta, la vuelta a los valores naturales; la entronización de la maternidad y paternidad como una forma de desarrollo de la personalidad y del ser humano tan importante o más que la vida profesional nos devuelve el sentido común: qué mejor alimentación para un niño que la que la madre naturaleza ha creado especialmente para él.

Aun así, las madres que no puedan o simplemente no quieran no deben sentirse culpables por la presión que actualmente existe hacia la lactancia materna. Ahora las mujeres tienen la oportunidad de elegir, y hay que aprovechar para vivir la maternidad como a cada una más le convenga.

Si la elección se inclina por la «teta», aquí van unos cuantos consejos extraídos de la propia experiencia, una fallida —el primer niño— y otra plenamente satisfactoria. Y los dos se han criado muy bien, uno con biberón y la otra a la vieja usanza.

* Aunque resulte paradójico, no hacer caso de ningún consejo. Seguir nuestro propio instinto a la hora de valorar las necesidades del bebé.
* Pedir intimidad para iniciar la lactancia. Hasta que no se haya normalizado, exigir a todo el mundo —y eso incluye madres, tías y... matronas— que abandone la habitación durante, al menos, una hora.

- Las primeras veces, la matrona o una enfermera pueden indicarnos cuál es la buena postura para colocar al bebé al pecho. Y ya.
- Sentarse con la espalda bien recta y pegada al respaldo. Si cogemos una mala postura, podemos sufrir dolores de espalda.
- Obligar al bebé a coger bien el pezón, con la boca bien abierta y por entero. Si chupa mal, lo notaremos rápido porque aparecerán marcas rojas y dolorosas. Para ello, sacarle el pezón de la boca metiendo el dedo meñique entre sus encías y volverle a poner al pecho hasta que lo coja bien.
- Colocar un almohadón debajo del bebé para elevarle a la altura del pecho sin necesidad de encorvar la espalda.
- Lavarse las manos antes de dar el pecho. Este tiene que estar limpio, pero la excesiva higiene (lavarse veinte veces al día con jabón) tampoco conviene. Reblandece y, además, es un rollo.
- Tener al bebé al menos diez minutos en cada pecho. Como norma, está bien, pero nosotras mismas iremos viendo qué cantidad es la necesaria. En muchos países le dan un solo pecho al niño hasta que queda saciado, y luego el otro, y, que se sepa, no pasan hambre.
- Todo el mundo nos dará su opinión sobre el bebé cuando sepan que se cría al pecho.

Y probablemente, todos preguntarán si no le damos suplemento en forma de biberón. Ni caso. Solo al pediatra, si considera que el peso que gana es insuficiente, y a nuestro propio sexto sentido.

* Pesar al bebé todas las semanas en la misma báscula y con ropa similar. Lo aceptable viene a ser ganar de ciento cincuenta a doscientos gramos por semana.
* Para dar de mamar hay que comer y beber. Sobre todo bien, aunque la cantidad tampoco viene mal. No es el momento de ponerse a dieta, aunque la propia lactancia consume nuestra grasa. También se necesita descansar suficientemente.
* Por estas razones, una vez que volvemos a trabajar, solo unas pocas privilegiadas que hubieran podido ser amas de cría en lugar de consultoras pueden seguir amamantando a sus hijos, sea en directo o sacándose la leche y guardándola en la nevera (se conserva en buen estado y también puede congelarse).

EL TAMAÑO NO IMPORTA

Muchas mujeres se creen que no podrán amamantar a sus hijos porque el tamaño de sus pechos es demasiado pequeño. Bueno, puede que sea demasiado pequeño para triunfar en «Los vigilantes de la playa», pero no para cumplir una de las funciones más importantes para los que fueron creados: alimentar a un bebé.

Lo que sí puede afectar a la buena marcha del amamantamiento es la forma del pezón, pero esto también tiene arreglo.

Por cierto, aquellas que hayan alterado vía cirugía lo que la madre naturaleza les dio, que no se apuren, porque una operación de aumento de pecho bien hecha no imposibilita la lactancia.

Habitualmente, las prótesis se colocan sin interferir con las glándulas mamarias.

El mejor alimento

Los médicos son unánimes en señalar que **la mejor alimentación posible para un bebé es la leche materna**. Está especialmente concebida para ello. No produce alergias. Los bebés alimentados al pecho sufren menos de gases, diarreas y cólicos. Es estéril y su composición está adecuada, en cada momento, a las necesidades del niño. Su cantidad va variando según la exigencia del consumidor. Y aunque contiene poco hierro, este tiene una composición especial que hace que sea fácilmente asimilable. Y además no hay que esterilizar biberones, comprar la leche ni hervir el agua. Es baratísima. Sale a la temperatura ideal, y en cualquier lugar tenemos la despensa a mano.

El único **inconveniente**: no se puede delegar.

Y si hay que reincorporarse pronto al trabajo, resulta complicado, aunque no imposible, seguir proporcionando la leche materna una vez inmersas en la jungla laboral.

Un **posible esquema**, adaptable a las necesidades concretas de cada bebé, podría ser:

- Toma antes de ir a trabajar (ocho de la mañana).
- Biberón de leche materna.
- Volver a mediodía, haciendo uso del permiso de lactancia (si alguien lo consigue es que es

capaz de «volar» como Supermán), o extracción de leche en el lavabo de señoras, que habrá que conservar en una nevera en la oficina. Este punto es realmente difícil de llevar a cabo.

— Si el paso anterior nos parece demasiado complicado, biberón de leche de fórmula, volver lo antes posible a casa para darle otra toma de pecho, y continuar con el resto igualmente.

QUÉ HACER EN CASO DE SUBIDA INTEMPESTIVA

Si aun muriéndonos de sed nos levantamos una mañana como aquella efímera cantante Sabrina, famosa por sus enormes glándulas mamarias, hay que actuar con rapidez.

Lo que más alivia el dolor es empapar una toalla en agua todo lo caliente que seamos capaces de soportar. Aplicar la toalla encima del pecho, durante varios segundos, y masajear. Mantener el calor un buen rato hasta notar cierto alivio.

Una vez mitigada la congestión, solo queda el recurso de la extracción. O el bebé o las máquinas diseñadas especialmente para sacar la leche. Esta se puede guardar en la nevera o el congelador, o tirarla.

La **razón** de extraer la leche durante la jornada no es solo para hacer provisión de ella, puesto que esta puede sacarse tranquilamente en nuestra casa. Es, más bien, para que el flujo de leche continúe siendo abundante. Cuando se eliminan tomas, la producción se reduce hasta desaparecer.

Pero, como todo, depende de cada caso. Muchas de mis amigas han conseguido dar al bebé leche materna cuando ellas estaban en casa, alternándola con biberones de 350 cl de cosecha propia cuando se hallaban trabajando.

«Efectos secundarios»

Amamantar a tu bebé tiene muchas ventajas —casi todas—, pero también puede producir algunos contratiempos, que pueden prevenirse.

- **Grietas**: contra ellas lo mejor es intentar «endurecer» los pezones previamente. Un poco de top-less —que puede hacerse en casa, lejos de miradas indiscretas, para quienes no sean partidarias de él—, curte. Lo mejor contra ellas es intentar que el bebé coja correctamente el pecho, con la boca bien abierta.

También existen pomadas en la farmacia para curarlas.

Obstrucción: se obstruyen los conductos de la leche y la zona se pone roja y dura. La solución es vaciarlos porque si no pueden infectarse. Puede hacerlo el bebé y terminar con el sacaleches.

Mastitis: infección de la mama. Los gérmenes entran por el conducto. Enrojecimiento de una zona de la mama, dolor y fiebre. Suele durar poco tiempo y hay que tomar medicación. Necesita consultarse con el médico rápidamente. Conviene seguir vaciando el pecho.

También hay muchas mujeres preocupadas por los **efectos secundarios «estéticos»** que la lactancia va a dejar en su busto. Aquí tampoco existen reglas. Hay quien ha pasado por varias lactancias consiguiendo mantener el pabellón bien alto. Pero lo más normal es que este baje unos cuantos centímetros y en algunos casos, con efectos bien visibles. Además, después de dar de mamar, los pechos se quedan más blandos que antes. A los pocos meses recuperan algo su tono. Y muchas mujeres se quejan de que después de dar de mamar aún tienen menos pecho. Esto puede ser una ventaja para quienes consideren que les «sobra».

SUJETADOR, SÍ, GRACIAS

Para intentar minimizar los efectos de la ley de la gravedad, es muy importante cumplir lo que ya antes se indicaba: no quitarse el sujetador, mientras dure la lactancia, ni de día ni de noche. El momento de emular a las feministas de los setenta no es este...

Y por último, algunos estudios médicos demuestran los efectos benéficos de la lactancia materna en el posible desarrollo de algunas enfermedades futuras y en el del cáncer de mama.

Asimismo, las **ventajas de la lactancia materna** son innumerables, tantas que hasta en los botes de leche en polvo encontraremos, al estilo de los paquetes de tabaco, la recomendación de que la alimentación ideal para los niños en sus primeros meses de vida es la leche de su madre.

* Es muy barata. (Y no se olvida nunca en el supermercado.)
* Inmuniza al bebé. Y está demostrado que este tiene menos enfermedades durante su primer año de vida.
* Es fácil de digerir, no provoca diarrea ni estreñimiento. Y con ella, la incidencia de los cólicos del lactante es menor.
* Contiene ingredientes que no hay en la leche maternizada y que son imposibles de «imitar». Además, tiene menos sales minerales y fósforo.
* Es estéril y, al no manipularse, no se contamina. No hay más que imaginarse cómo preparar un biberón en buenas condiciones en una chabola o en un país del tercer mundo...
* Y si todo va bien, es una maravilla mantener a través de la lactancia el vínculo tan especial que existía antes del nacimiento.

7 Parir a la carta

El parto programado

En algunos casos, los médicos prefieren dar fecha y hora para provocar el parto. Casi como si fuéramos al dentista. La mayoría de las veces se trata de garantizar al máximo la seguridad para el bebé y para la madre. Por ejemplo, en el caso de niños que al final del embarazo no «cogen» peso, se suele provocar el nacimiento... O si el parto se retrasa y el niño empieza a ser demasiado grande para un parto vaginal. Siempre se procede según el criterio del médico.

Lo mismo ocurre con los partos por cesárea. Muchas de ellas se practican después de haber agotado la vía del parto vaginal, en casos de niño mal colocado, vueltas de cordón, desproporción entre el tamaño del bebé y la pelvis de la madre, etcétera. A algunas mujeres les desagrada esta práctica, pues creen que resta espontaneidad a un hecho natural. Pero siempre hay que pensar en dar a luz con las mayores garantías para el niño y la madre. Y esto es mejor no dejarlo al azar.

El parto en casa

Cada vez más, en países con mucha tradición naturista, como los nórdicos o Alemania, muchas parejas prefieren vivir este momento en su entorno habitual, en casa, lejos de los hospitales y su ambiente aséptico. Sin duda resulta más agradable estar rodeada de nuestros objetos cotidianos y seres más queridos, pero no hay que olvidar que la mortalidad infantil y la puerperal se han reducido enormemente desde el siglo xx gracias, entre otras cosas, al conocimiento médico y a los adelantos técnicos y humanos que encontramos en los hospitales.

Por ello, en los **partos en casa**, conviene contar siempre con la ayuda de una matrona y con la posibilidad de tener que salir, urgentemente, hacia el centro hospitalario más cercano. Y con la opinión previa del médico, que considere que el parto puede desarrollarse sin demasiado peligro para el niño o para la madre en el cálido ambiente del hogar.

8

Después del parto

Las visitas en el hospital

En España está de lo más extendida la costumbre de visitar a las parturientas en la clínica. Algunas visitas se hacen a escasas horas, por no decir minutos, de producirse el parto. Y no las efectúan ni el padre, ni la abuela, ni la hermana.

Está claro que un nacimiento es una «alegría muy grande», pero hay que ponerse también en la piel de la mamá y, sobre todo los primeros días, tener conciencia de que aquello es un hospital, no una romería. Y que

- La madre necesita descansar nada más parir. Significa dormir, lo que no admite visitas.
- El bebé precisa de un ambiente «limpio» en la habitación, no el de una discoteca *after-hours*.
- Las enfermeras y la matrona pasan continuamente para hacer curas, tomar la temperatura, etcétera. Esto exige intimidad.

- La lactancia materna, sobre todo las primeras veces, pide un ambiente tranquilo. Esto es impensable en una habitación atestada de amigos y parientes felices por la llegada del recién nacido.
- La madre no está como para aparecer en la portada del *¡Hola!* —bueno, algunas sí—, por lo que se agradecen las visitas que respetan un mínimo de tiempo para «estar visible». El mínimo son veinticuatro horas.
- Además, hay que tener en cuenta que no estamos solas. El trasiego de gente y de voces puede molestar a quienes, en las habitaciones de al lado, se afanan en una larga dilatación o quieren reposar inmediatamente después de haber dado a luz.

El padre de la criatura

Si hasta ese momento el «peso» —y nunca mejor dicho— del embarazo lo ha llevado la madre, ahora él puede, en igualdad de condiciones, empezar a desarrollar su actividad como padre. Hay miles de cosas que un padre puede hacer, además de mostrar todo su amor a la madre y al recién nacido. Hacer una lista tal vez parezca de lo más prosaico, pero queda mucho más claro:

- Apoyar a la madre en sus decisiones en cuanto a la lactancia materna. Acompañarla si ella lo desea. Buscarle una almohada, ayudarla a ponerse cómoda. Salir al pasillo con las visitas para despejar el ambiente.
- Tomar al bebé después de la lactancia materna y ayudarle a expulsar los gases.
- Darle el biberón.
- Cambiarle los pañales. Con el primer niño, padre y madre están en igualdad en cuanto a inexperiencia.
- Bañar al bebé, vestirle, prodigarle todos los cuidados que necesita.
- Sustituir a la madre si la alimentación es con biberón. Así, ambos podrán disfrutar de este momento.
- Mimar a la madre —se nota que es una mujer quien escribe estas líneas, ¿verdad?
- Introducir en la habitación del hospital, subrepticiamente, una botella de buen vino y algunas cosas ricas para festejar el nacimiento.
- Ocuparse de todos los trámites engorrosos: registro civil, baja por maternidad, administrativos en el hospital, etcétera.

> Y la madre...

También hay cosas que la madre puede hacer por el padre:

- No excluirle de los cuidados del bebé. Cuanto más haga ella, menos práctica tendrá él.
- Cuidar el arreglo personal. Criar a un recién nacido es una tarea agotadora, pero no justifica el abandono.
- Procurar volver a ser la de antes lo más pronto posible.
- Intentar sacar tiempo, pasado el lío de los primeros días, para retomar actividades «a dúo». Una cena en el restaurante, un cine, un paseo..., ser una familia no impide continuar siendo una pareja.
- No obligarle a presenciar el parto si no quiere. Hoy día, la costumbre es que el padre asista al nacimiento de su hijo. Aunque lo normal es que se sitúe a la cabecera de la madre, con lo que lo más «gore» del asunto no entra en su campo de visión. Hay hombres a los que la idea les angustia demasiado.

Adaptarse el uno al otro a la nueva situación, en la que muchas cosas han cambiado. Los primeros meses son maravillosos, aunque también tienen su lado duro. Pero la vida vuelve a ser lo que era antes de que nos demos cuenta...

CAPÍTULO

7

DE DOS A TRES

gu-gu
Snif

1

La revolución en casa

Lo de «dos es compañía y tres, multitud» se hará realidad unas pocas horas después de cruzar el umbral con el nuevo miembro de la familia. Feliz, pero multitud. Sobre todo a la hora de «hacer algo» que no sea cambiar pañales, dar el pecho, volver a cambiar el pañal, intentar que se duerma, que se duerma casi la madre, agotada los primeros días; al final, casi todas las madres recientes coinciden en que se encuentran a las dos de la tarde con todo por hacer y sin haberse pasado ni el peine. Como decía una sabia frase de Siniestro Total: «Ante todo, mucha calma». Después de asumir este mantra, hay que concienciarse de que sí estamos haciendo algo. Algo que no se mide por nuestros antiguos baremos sobre la productividad, pero que según los parámetros de crianza de bebés cumplimos escrupulosamente.

Prioridad: descansar

Parece un tópico, pero no lo es. Por muy bien que nos encontremos al salir de la clínica, incluso exteriormente, nuestro cuerpo acaba de pasar por un enorme esfuerzo físico. Y no se recupera en cuarenta y ocho horas. Es absolutamente necesario descansar todo lo que podamos al llegar a casa. Para ello hay que organizarse en función de nuestras posibilidades: una amiga, una canguro que eche una mano mientras dormimos la siesta, una hermana cariñosa o una recién estrenada abuela.

En el caso de parto con cesárea el reposo parece imprescindible, pero en el parto natural también lo es. En algunos casos se ha practicado una episiotomía, el útero sigue siendo voluminoso y aún no hemos recuperado las fuerzas... Llegar a casa y pasar la mayor parte del día de pie o corriendo de un lado para otro es la mejor garantía para tener que lamentar el haber estado tan activas. Si ha habido episiotomía, los puntos

pueden abrirse e incluso infectarse, por lo que de sentirnos muy bien pasaremos a sentirnos más bien mal. La única manera de evitarlo es eso: descansando. Y como no es fácil con un bebé recién nacido, deberemos:

— Descuidar otras tareas. No pasa nada.
— Delegar. Cuanto antes empecemos a aprender a confiar en las habilidades ajenas, mejor viviremos.
— Dormir a saltos durante el día, cuando el bebé nos lo permita.
— Comer lo suficiente y beber mucho líquido.
— Olvidarnos de todo lo que no sea el bebé y nosotras mismas.

Además, en los primeros tiempos de lactancia, es fundamental estar tranquila y reposada para que se produzca una suficiente afluencia de leche materna.

> La depresión posparto

Más o menos, la mitad de las mujeres que da a luz sufre lo que se considera una leve **depresión**, que se traduce en lágrimas durante los primeros días tras el nacimiento del bebé. Y casi siempre genera culpabilidad. Lo que se traduce en más lágrimas.

Cuando se supone que deberíamos ser muy felices, nos sentimos fatal por sentirnos fatal... De hecho, la mayoría de las veces esta depresión aparece sin ningún motivo y es la responsable de que los pasillos de las maternidades estén llenos de señoras en bata llorando a pesar de haber dado a luz a niños preciosos y totalmente sanos. Los **kleenex** se agotan a diario.

No pasa nada. Las culpables son las hormonas que hemos acumulado durante el embarazo y que, tras el parto, caen en picado. Nuestros niveles de progesterona y estrógenos descienden, e igual que muchas mujeres tienen un «bajón» antes de la menstruación, las madres recientes se ponen tristes y melancólicas sin saber por qué.

En ocasiones nos sentimos decepcionadas por razones tan peregrinas como haber sufrido una cesárea. O por un bebé pequeñito y muy poco parecido a los de los anuncios de la televisión. O por vernos igual de gordas después de parir que antes. La razón es lo de menos, porque en la mayoría de los casos ni siquiera existe.

Dentro de la norma entra llorar un poco —y hasta mucho— la primera semana después del parto. Nuestro sistema hormonal anda totalmente loco y cualquier pequeña cosa nos parece un mundo. Además, las expectativas que se han creado durante nueve meses de espera muchas veces —la mayoría—

no tienen nada que ver con la realidad. Y esta, por buena que sea, nunca es comparable con las ensoñaciones, sobre todo de las madres primerizas.

La primera vez que ves a tu hijo puede ser un encuentro maravilloso, un momento irrepetible, pero también el choque con un ser al que hay que acostumbrarse. Igual que él respecto a sus padres.

Afortunadamente, este estado se desvanece tan rápido y sin explicación como llegó. Lo que nos parece dramático, en una semana será una anécdota que contar entre risas. Si no es así, si es un cuadro serio de depresión posparto, entonces es necesario ponerlo en conocimiento del médico.

> La baja de maternidad

La baja de maternidad son dieciséis semanas —a fecha de hoy— y es un derecho irrenunciable. En el caso de parto múltiple —gemelos, trillizos, etcétera— son dieciocho. La baja es ininterrumpida y seis de estas semanas se han de tomar, obligatoriamente, después del nacimiento. A esta baja, muchas mujeres suman el mes de vacaciones, y en algunos casos se prolonga con una excedencia negociada con la empresa, por supuesto ya sin cobrar. Y luego está la baja por paternidad, pero eso es otro libro...

En otros países, como en Francia, es obligatorio comenzar el permiso por maternidad varias semanas antes del parto para favorecer el descanso de la futura madre. En España parece que hay una «moda», que es la de «aguantar» lo máximo posible hasta el parto para así disfrutar de más tiempo libre una vez que el bebé ya ha nacido. Este es el lado positivo. El negativo es que el cuerpo, ya de por sí fatigado en el último tramo del embarazo, no tiene ningún respiro para cuando llegue el momento. Afortunadamente, la mayoría de los nacimientos lleva unas cuantas horas, si no, habría muchos niños nacidos en salas de reuniones, peluquerías y hasta platós de televisión.

El padre tiene derecho, por el nacimiento de un hijo, a dos días de permiso retribuidos, o, si tiene que viajar, a cuatro. En el caso de que tanto la madre como el padre trabajen, este puede disfrutar de las cuatro últimas semanas de este derecho.

> Para solicitar la baja

Para las futuras madres trabajadoras por cuenta ajena que tienen un **contrato laboral**, afiliadas a la Seguridad Social y con al menos ciento ochenta días de cotización el año anterior, el primer paso es ir a su médico de cabecera —el que les corresponda en su ambulatorio de la Seguridad Social— y pedirle un Informe de Maternidad, una hoja firmada por el médico en el mismo día que comienza la baja.

Después, en la oficina más cercana de la Seguridad Social, proporcionan un impreso que hay que rellenar por partes entre la afectada y su empresa, más otro para el IRPF. Una vez completados, hay que acudir a la misma oficina aportando:

— El citado impreso.
— El original del DNI.
— El NIF.
— La última nómina.
— El impreso del IRPF.

En el **caso de parto múltiple** es necesario aportar, además, el libro de familia.

Y si es **el padre** quien disfruta de este permiso, cumplimentará otro impreso llamado «Opción del permiso por maternidad».

Los trámites de la retribución puede hacerlos cualquier persona con los citados documentos.

Permiso de lactancia

Después, al reincorporarse al trabajo, existe el derecho de acortar la jornada laboral para **la lactancia**: o en dos períodos de media hora, o en una hora menos al finalizar el día. Esta medida se agradece, pero es completamente insuficiente e inútil. En media hora no da tiempo ni a lavarse las manos y desabrocharse la camisa. Por tanto, mejor acogerse a la hora menos; en Canarias y en el resto de España.

La excedencia laboral

La excedencia puede ser disfrutada por la madre o el padre. El tiempo máximo son tres años. Durante el primero se garantiza la reincorporación al mismo puesto de trabajo. En los dos siguientes, simplemente, en el mismo grupo profesional. A efectos de antigüedad no hay ninguna diferencia con quienes sigan trabajando.

Si se tienen otros hijos durante este período, puede solicitarse una nueva excedencia, que pondrá fin a la anterior.

Una mujer en estado de gestación no puede ser **despedida**. Los casos —que desgraciadamente salen a veces en la prensa— en los que se despide a una embarazada justificando su salida con otras razones obligan a la empresa a readmitirla.

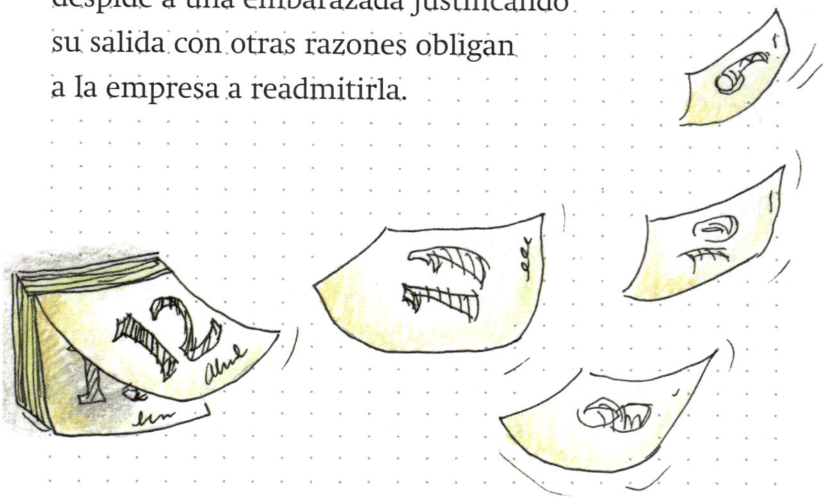

La reducción de jornada

Existe también la posibilidad de acogerse a una **reducción de jornada**. Las mujeres —o los hombres— con hijos menores de seis años a su cargo, o disminuidos físicos/psíquicos sea cual sea su edad, tienen el derecho de reducir en un tercio o la mitad su jornada. Desgraciadamente, el sueldo disminuye en la misma proporción.

2 Ser padre

Durante **nueve meses**, el bebé que acaba de nacer ha sido tarea casi exclusiva de la madre. Ella ha visto como su cuerpo iba amoldándose poco a poco a ese «visitante» que le exige mucho calcio y mucho hierro. Y aunque mantengamos informados de cada novedad a los corresponsables del embarazo, hay muchos padres que no se enteran de que lo son hasta que les ponen el niño en los brazos. Y otros —los menos—, hasta que al año y medio la criatura les llama «papá».

El papel del padre en el embarazo

Hoy día los hombres están tan implicados en el proceso del embarazo como las mujeres. Cuando la mayoría de las familias tiene uno o dos hijos, estos son cuidados como tesoros desde el primer momento en que aprendemos que están en marcha. Y si hay una experiencia que no conviene perderse bajo ningún concepto es la ecografía del cuarto mes. Es entonces cuando el feto puede verse «de cuerpo entero», de la cabeza a los pies, y cuando se mueve sin parar y sin que la gravedad le imponga sus leyes. Después, será demasiado grande para verle en su totalidad y el ecógrafo irá señalando masas en blanco y negro: «Esto es la columna», «aquí está la manita», «tiene un perfil muy mono», e incluso «¿queréis saber el sexo?». Y si en la consulta es posible técnicamente, escuchar el latido de un feto —a partir de las diez semanas ya puede oírse— a través de unos altavoces es una experiencia «casi religiosa», como cantaba Enrique Iglesias.

¿Qué puede hacer el padre durante este proceso? Muchísimas cosas. Tantas que hasta podemos hacer una lista, abierta a otros miles de sugerencias que a cada cual se le ocurran.

- Acompañar a la madre al médico y compartir el día a día de la evolución del futuro bebé.
- Evitar a la madre trabajos pesados en el hogar, obligándola a que descanse.
- Preparar la cena. Hay que alimentarse bien y, sin embargo, después de una larga jornada laboral pagaríamos lo que fuera por tener a nuestro propio Arguiñano.
- Aprender a dar masajes para las fatigadas piernas de la madre. Y siempre podrá seguir con ellos una vez que el niño haya nacido...

* Repartirse las tareas del hogar —si no se ha hecho ya— y hacerse cargo de lo que exija un mayor esfuerzo físico.
* Empujar a su mujer a salir al aire libre sea con paseos diarios o el fin de semana, y a hacer ejercicio físico moderado (gimnasia especial para embarazadas, caminatas, natación, etcétera).
* Asistir juntos a las clases de preparación al parto, en el caso de que se tomen (lo de ponerse la almohada debajo del jersey...). Aparte de los ejercicios de respiración para el momento de la verdad, también hay clases impartidas por enfermeras sobre los cuidados al neonato.
* Solidarizarse —un poco— con la madre si esta no puede comer algún alimento o tiene que hacer una dieta especial. Basta con no ponerse «ciego» de chocolate todas las noches enfrente de la tele.
* **Compartir**, en una palabra, esos nueve meses de ilusión, pero también de molestias, que en conjunto son irrepetibles.

Y como final, lo mejor que puede hacer un padre durante el embarazo es **dejar de fumar**. Está comprobado que el humo del tabaco y los ambientes de fumadores se cuentan entre los factores de riesgo de la muerte súbita del lactante.

La envidia del bombo

En el otro extremo están o estaban sociedades más primitivas en las que durante el embarazo y el parto era al hombre al que se mimaba. Y era el hombre el que se ponía a pegar gritos cuando llegaba la hora de dar a luz, y a quien atendían los médicos, mientras la mujer se las arreglaba por su cuenta. Y, por supuesto, era al padre a quien todos felicitaban por el hermoso bebé que acababa de venir al mundo. Bueno, esto último también ocurre en sociedades algo menos primitivas. En francés incluso existe una palabra para los señores que se ponen a coger kilos en paralelo con su mujer, sin que hayan dado positivo en el «predictor». Se llama la *couvade*, y es una forma de mimetismo. Debe de ser como la envidia del pene, pero al revés: la envidia del bombo.

Entre la madre y su bebé se crean durante este proceso unos lazos muy estrechos que se prolongan una vez que el niño está en el mundo. Y en su afán de seguir controlándolo todo, especialmente si la alimentación es a base de leche materna, muchas madres tienden a mantener a cierta distancia a los padres en el cuidado de los recién nacidos con la justificación de que «ellas lo hacen mejor». Hay que tratar de evitar este error. En el momento de recibir al bebé, ninguno de los dos se da excesiva maña a la hora de colocar bien apretado el pañal o de limpiarle las fosas nasales. Si empiezan ambos a la vez, serán los dos igual de competentes. Por ello, aunque a veces se «sufra» pensando que nosotras lo haríamos mejor, conviene relajarse y dar al otro la oportunidad de aprender y disfrutar de sus hijos. De hecho, muchos padres son las mejores «madres».

Si la alimentación se hace con biberón es más fácil para ellos involucrarse desde el primer momento en el cuidado del bebé. Pero si no, siempre puede ser el encargado de bañarlo o tomarlo en sus brazos después de comer y hacerle expulsar el aire; en fin, o de cuidarlo de las mil maneras que necesita.

3

Ser madre

Cuándo empezar a ponerse en forma

A las **pocas horas del parto** ya podemos empezar, suavemente, a poner nuestro cuerpo en forma. Esto, que suena a exageración, no lo es si tenemos en cuenta que «ponerse en forma» no quiere decir machacarse en el gimnasio, sino desperezar nuestro cuerpo. Significa conseguir que nuestros músculos nos obedezcan y evitar la formación de trombos en las piernas. Esto se hace levantándose de la cama a las tres o cuatro horas del parto, si este ha sido natural. En el caso de las cesáreas, es otro cantar.

Hay que sentarse en el borde de la cama y permanecer así, sin levantarse, todo el tiempo que haga falta, hasta que no nos mareemos. Esto puede llevar veinte minutos, pero también una hora. Y después, andando muy despacito y con ayuda de un brazo fuerte, a la ducha. Lo de «sentirse como nueva» se hará realidad.

A lo largo de los últimos meses del embarazo, cuando el peso se ha hecho más acusado, y bajo los efectos de las hormonas, se han producido algunos **cambios**:

- Las articulaciones se han vuelto más blandas para facilitar el parto.
- La columna vertebral se ha curvado.
- Se ha modificado el centro de gravedad de nuestro cuerpo.
- Las plantas de los pies y la columna han «cargado» con un exceso de peso de nueve kilos, mínimo.
- Las piernas se han hinchado y la circulación se ha hecho más lenta.

Y, de repente, todo esto vuelve a su estado original. ¡Qué maravilla!

En el hospital

Todavía en la clínica y tumbadas en la cama, podemos empezar a hacer los **ejercicios perineales** para comprobar que aún nos responden nuestros músculos. Y si no duele demasiado, a la hora de hacer pis, intentar el «stop-pipí», cortando el chorro y aguantando unos segundos. Cuanto antes reeduquemos esta zona, mejor evitaremos futuros problemas de incontinencia urinaria.

Los **abdominales** todavía no están para hacer ejercicio. Para recuperarlos hay que esperar al menos un mes. **El truco** que mejor funciona es ponerse una faja bien apretada nada más dar a luz, y llevarla **siempre** durante veinticinco días. Después, ya se puede empezar con el trabajo de los abdominales.

Esta faja no es de las de varillas, ni tipo «abuela». Es, más bien, una venda elástica que va de la cadera a la línea de debajo del pecho, un poco como las que se ponen en las rodillas. Las venden en corseterías especializadas y tiendas premamá. Además de ayudar a «poner todo en su sitio», son útiles contra los dolores que producen los «entuertos». En el primer parto no hay demasiados, pero a partir del segundo...

DESFACER ENTUERTOS

Son los dolores que produce el útero al contraerse; y en algunos casos, parece que nos hemos puesto de parto otra vez. Duele. Y sobre todo, cuando pones al bebé al pecho.

La lactancia estimula la oxitocina, que es la hormona encargada de las contracciones uterinas —la misma que se usa para provocar el parto—, y entonces empieza a doler. La buena noticia es que no suelen durar —intensamente— más de cuarenta y ocho horas, y cada vez menos. Y la otra buena noticia es que recuperaremos antes nuestra figura. Con la lactancia materna, el útero se contrae mucho más rápido y el vientre prominente desaparece a mayor velocidad. Para imaginarlo fácilmente, solo hay que pensar que, de manera normal, el útero tiene el tamaño de una pera y con un bebé a término, el de una sandía de las de cuatro kilos...

Lo que sí podemos hacer, tumbadas en la cama del hospital, es estimular **la circulación sanguínea**.

* Estirar y encoger los dedos de los pies.
* Rotar los tobillos, primero hacia fuera y luego hacia dentro.

También podemos **cuidar la salud de nuestro busto y espalda.**

* Adoptar una postura cómoda para dar el pecho.
* Sentarse con la espalda bien recta y el bebé encima de una almohada para que llegue bien a la altura del pecho, sin necesidad de encorvarnos.
* Estirarnos bien en la cama, basculando la pelvis hacia delante.
* Usar el sujetador día y noche. Tiene que ser cómodo pero también cumplir con su cometido (sujetar). Por eso, es mejor que no sea de algodón, porque da de sí.
* Si utilizamos algún producto de belleza para la piel del escote —el «sujetador natural»—, se debe continuar, más que nunca, usándolo. Hay que evitarlo si tiene un olor demasiado fuerte o no aplicarlo sobre el pecho y el pezón. Al bebé puede que no le gusten su sabor ni su olor...
* La ducha fría sobre el pecho es de lo más desagradable, pero eficaz.

La piel del vientre ha sufrido mucho con el estiramiento producido por el aumento de volumen y ahora acaba de plegarse como un acordeón. Es imprescindible continuar aplicando una crema para las estrías, y para que recupere su elasticidad.

En **la cara**, las hormonas se han hecho notar durante el embarazo. Las capas interiores estaban muy rellenas de agua, con lo que la parte más visible de la epidermis aparecía más bien seca. La hidratación ha sido fundamental durante el embarazo. Esto va a acentuarse. Además, en los hospitales suele hacer muchísimo calor, al que hay que añadir el que nos produce la saturación hormonal por la que se atraviesa después del parto. Y también se expulsa a través de la orina parte del líquido que hemos retenido durante estos nueve meses. Por todo ello, conviene hidratar muy bien la piel del rostro, pues estamos en pleno proceso de «deshidratación», al que hay que añadir todo el líquido que empleamos en la fabricación de leche.

Hidratación, por lo tanto, en el rostro. Y después de la satisfacción que produce contemplar al bebé bien dormidito en su cuna,

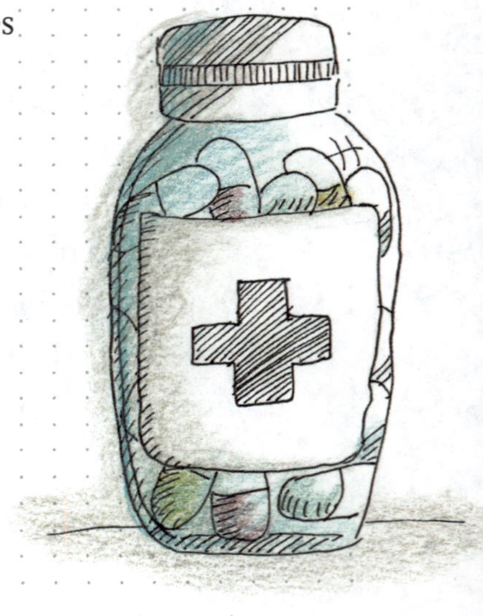

darse un ligerísimo toque que nos alegre la cara. Si se tiene costumbre de maquillarse, siempre anima. Pero, por encima de todo, hay que evitar los maquillajes pesados. Totalmente fuera de lugar en un hospital.

El **pelo**, después de una etapa exultante durante el embarazo, lo más probable es que, al finalizar el parto, acuse los esfuerzos y la transpiración. No le vendrá mal un champú. Lo que no conviene es estar, de pie en la ducha, mucho tiempo con los brazos en alto. Así que una lavada cortita y, si es posible, con ayuda.

Unos meses después del parto se suele notar cierta pérdida de cabello. Y falta de brillo. Por ello, si continuamos tomando el suplemento vitamínico del embarazo —previa consulta con el médico—, mejor.

4

Ejercicios para el posparto

Transcurridos entre treinta y cuarenta días del parto, puede empezarse a practicar ejercicio para recuperar la elasticidad y firmeza de los músculos. Lo ideal es hacerlo gradualmente y sin excesos, para no agotarnos e interferir en el proceso de la lactancia. Una hora, tres veces por semana, es suficiente para recuperarse con éxito.

> Calentamiento

1. De pie, con las piernas separadas y la espalda derecha, con la pelvis ligeramente adelantada hasta que nuestro cuerpo forme una línea del todo recta: bajamos todo lo que podamos, metiendo la tripa y manteniendo la vertical. Repetir diez veces.

2. En la misma postura, con las piernas ligeramente flexionadas, doblamos el cuerpo para tocar el pie derecho con ambas manos. Aguantamos unos segundos. Cinco veces en cada pie.

3.

En la misma postura, inclinamos la parte superior del cuerpo hacia la derecha, con el brazo izquierdo estirado por encima de la cabeza y el derecho delante del tórax, ligeramente redondeado.

4.

Báscula pélvica. Este es uno de los ejercicios fundamentales. Tumbadas boca arriba, con las rodillas flexionadas y la parte superior del cuerpo relajada, contraer al mismo tiempo glúteos y abdominales, pegando la zona lumbar al suelo y «taladrando» este con el ombligo. Aguantar cinco segundos y relajar. Repetir cinco o diez veces.

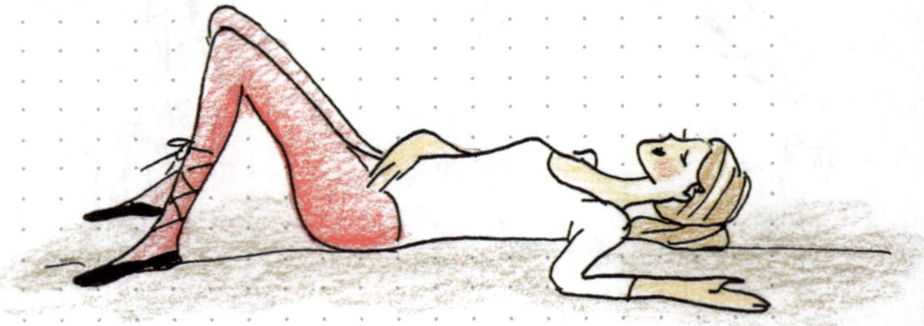

5.

El gato. A cuatro patas, con las rodillas dobladas y los brazos estirados, curvamos la espalda como si lleváramos encima un gran peso. Suavemente, cambiamos hasta la posición contraria, «absorbemos» nuestro estómago como si quisiéramos evitar una llama colocada debajo de él. Repetir diez veces.

6.

La esfinge. A cuatro patas, con los codos y las rodillas bien rectos, bajamos hasta sentarnos encima de nuestros talones. Nos levantamos suavemente hasta descansar el pecho en el suelo a la altura de las manos. Aguantar cinco segundos en cada posición.

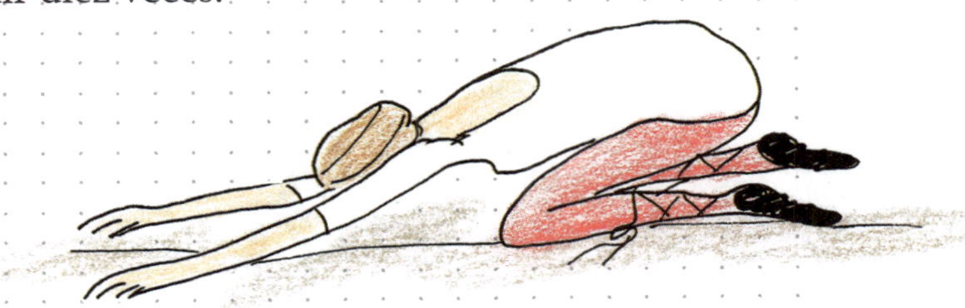

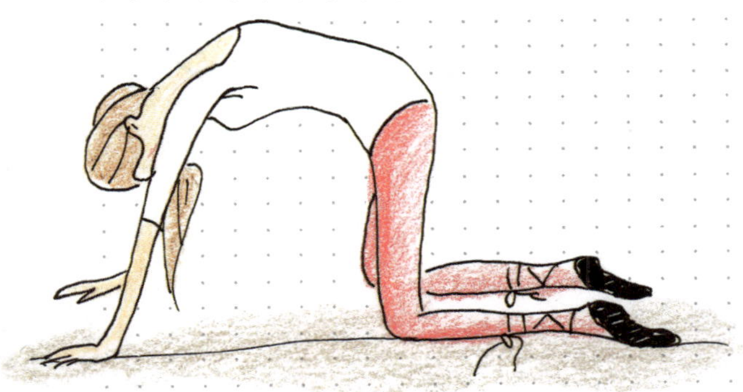

Abdominales

Todos estos ejercicios se hacen tumbadas boca arriba, en una postura cómoda.

La hamaca. Con las rodillas flexionadas y el tronco levantado, la espalda bien derecha. Bajar lentamente hasta formar un ángulo de cuarenta y cinco grados con el suelo. Aguantar lo que podamos. Subir suavemente. Repetir diez veces.

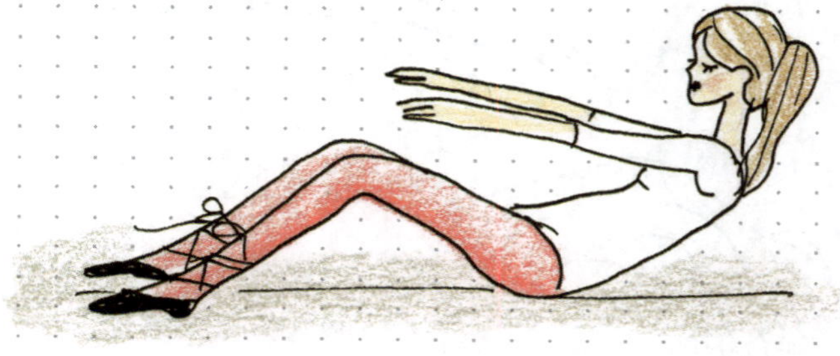

Tumbadas con rodillas flexionadas y manos detrás de la nuca: elevar la parte superior del tronco, hasta el pecho, como si quisiéramos mirarnos el ombligo. Repetir diez veces.

En la misma posición, con una pierna encima de la rodilla contraria, hacer el abdominal hacia la rodilla. Diez veces. Repetir cambiando de pierna. Otras diez. (¡Ánimo!)

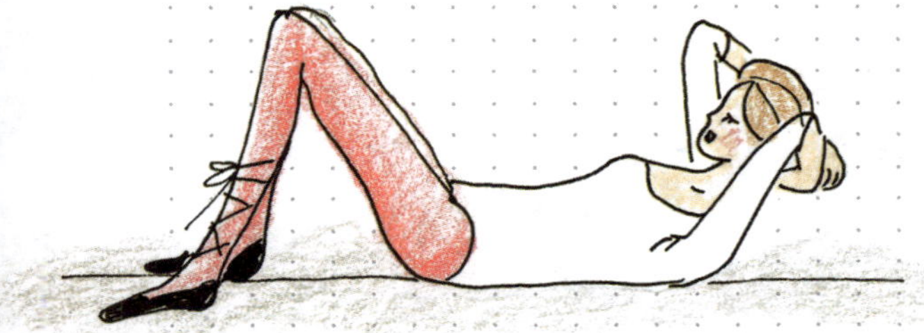

Tumbadas boca arriba, rodillas flexionadas: levantar la pelvis todo lo que podamos. Aguantar, con todo contraído (estómago, glúteos, fondo pélvico), unos segundos. Bajar lentamente. Quince veces.

Boca abajo, con la frente pegada al suelo y la pierna derecha flexionada hacia el trasero, levantamos la izquierda y el brazo derecho. Y viceversa. Diez veces.

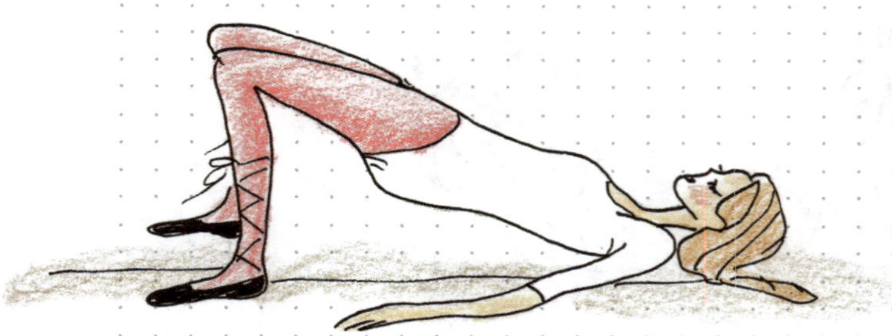

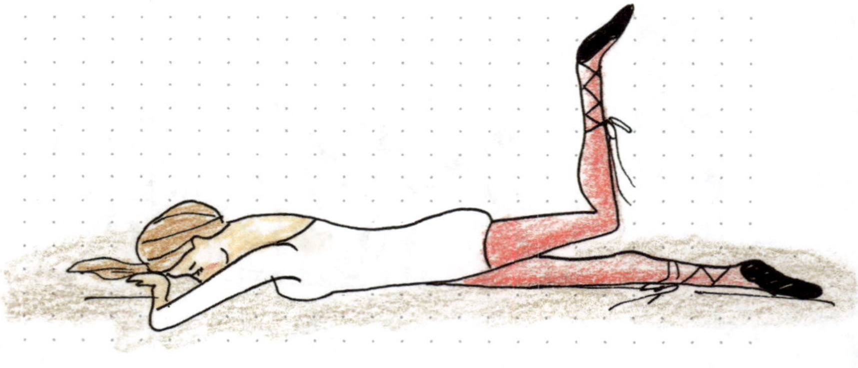

Brazos

De pie, con las piernas ligeramente separadas. Con dos botellas de agua de un litro (por ejemplo), levantamos los brazos desde los lados del cuerpo hasta ponerlos en cruz. Diez veces.

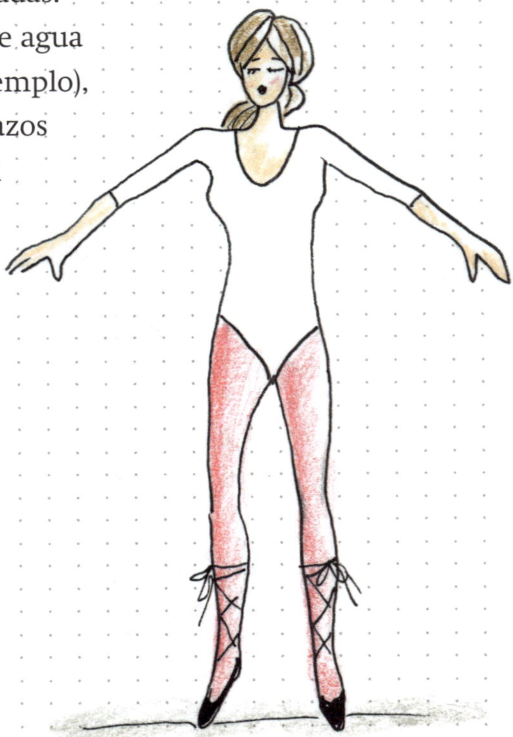

Fondo pélvico

En cuclillas, contraer cinco segundos los músculos de esta zona. Diez veces.

Estiramiento

1.

Tumbadas boca arriba y con las rodillas flexionadas, llevarlas hasta el pecho ayudando con las manos en los muslos. Cinco veces.

2.

En la misma posición, levantar la pierna derecha totalmente recta tratando de acercarla al tronco sin levantar el trasero, y con los dedos hacia nuestra cabeza. Cinco veces con cada pierna.

3.

Boca abajo, con la ayuda de la mano derecha, pie derecho pegado al glúteo derecho, con las rodillas bien juntas y pegadas al suelo. Cinco veces con cada pierna.

4.

De pie, piernas separadas, brazos hacia atrás, bien estirados. Cinco veces.

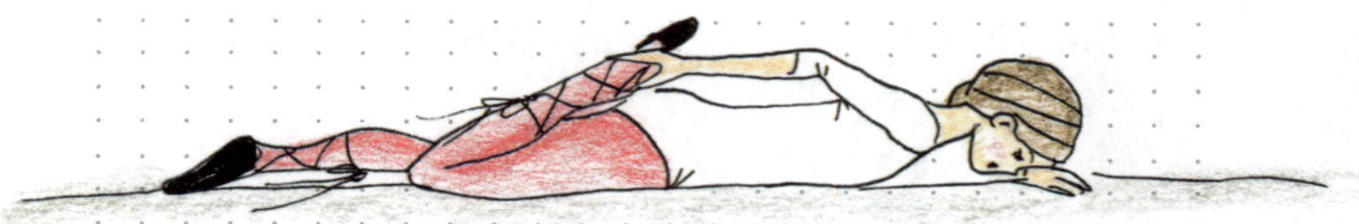

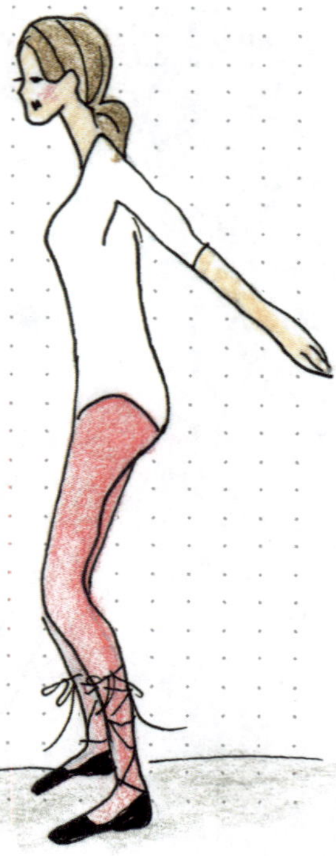

5.

De pie, con los brazos rectos y levantados hacia el techo, pegados a los lados de la cabeza. Intentamos estirarnos todo lo que podamos. Cinco veces.

5 Ellas también lo hicieron

El colegio, la carrera, el MBA, el trabajo, el piso, los viajes...; cuando nos descuidamos, empezamos a pensar en el primer niño pasados los treinta. Y si nos descuidamos, los cuarenta. La maternidad se vive, hoy día, como una plena elección de la pareja e incluso de la mujer en solitario, que no quiere perderse lo que aporta ser madre.

Las mujeres hemos conquistado el derecho a trabajar fuera del hogar, aunque existan todavía algunas desventajas frente a los hombres. Y hubo unos años en los que parecía incompatible una carrera profesional con el cuidado de los hijos. El reto para el nuevo milenio es conseguir que a la mujer que trabaja fuera del hogar se le reconozca también el derecho y el papel social de ser madre.

Y que la que desee ser madre a tiempo completo pueda ejercerlo sin complejos, con la ayuda económica y social del Estado, como ocurre en otros países.

Ejemplos de madres trabajadoras los hay en todos los campos. En esta generación es más frecuente, pero hace treinta años lo normal era que las mujeres dejaran sus puestos de trabajo una vez que se convertían en madres. Aun así hubo pioneras que pudieron, sacrificando a veces las horas compartidas con sus niños, seguir adelante, trabajando, en ocasiones, el doble que sus colegas masculinos. Y en muchos casos detrás de ellas estaba su propia madre, la abuela, encargada de criar a la prole de su hija.

CAPÍTULO

8

DEJAR AL BEBÉ

1
Dulce hogar, a veces

Una vez instaladas en casa, pasadas las angustias de los primeros días, por fin respiramos. Ahora, ya controlamos el horario de sus deposiciones, hemos conseguido comprender el ritmo de sus comidas, intuimos qué quiere cuando llora haciendo «aaaaah» o «buaaaaaaa». Entonces es cuando vemos que se acerca el momento de desempolvar la agenda y los zapatos e ir a la oficina.

Para algunas mujeres —las que tienen trabajos peor remunerados y menos estimulantes— la maternidad supone una encrucijada. Si en el despacho ganan X y en casa deben pagar Y a la cuidadora, o en la guardería, al final es «lo comido por lo servido» y la diferencia a fin de mes es tan escasa que provoca bastantes deserciones en el campo laboral. Otras, que probablemente se quedarían con gusto en su casa cuidando de sus hijos mientras son pequeños, no lo hacen por temor a quedarse «fuera de juego» cuando quieran volver. Y en muchos casos, el trabajo realizado fuera del hogar es muy satisfactorio y lo único que desea la mujer es compaginar, de la mejor manera posible, ambas facetas, indispensables para el desarrollo de su personalidad.

Para poder trabajar también fuera del hogar, necesitamos ocuparnos de encontrar una solución para el cuidado del bebé.

> Una aguja en un pajar

Si tenemos la posibilidad y optamos por el cuidado en casa, lo primero es encontrar una candidata. Para buscar a la persona que nos sustituya en casa existen muchas vías, pero lo primero es sopesar nuestras necesidades y tener muy claro lo que queremos.

Resulta muy útil redactar un cuestionario al que podemos someter a las posibles candidatas. De esta manera no nos dejaremos ninguna pregunta en el tintero. Y también podemos comparar a las candidatas entre sí.

Además de sus datos personales y su dirección, es importante saber si tiene hijos, carnet de conducir, si sabe cocinar o tiene alguna otra habilidad. Lo ideal sería encontrar una persona con estudios de puericultura o con experiencia en el cuidado infantil. Aparte, la intuición suele ser la que nos guía a la hora de encontrar una persona que se ocupe del cuidado del bebé. Por ello es importante que en la primera entrevista le pasemos a nuestro hijo y observemos la reacción de ambos.

> Cómo encontrar a la persona ideal

La persona a la que confiamos lo más preciado que tenemos ha de cumplir unos **requisitos** sin los cuales, en ningún caso, debemos dejarla a cargo del bebé. Así como podemos llevar unos zapatos que nos hagan daño, vivir en un piso que no se ajuste a nuestras necesidades e incluso tener un trabajo que no nos guste nada, la canguro de los niños debe ser nuestra cómplice, una persona de total y absoluta confianza, nuestra mano derecha. Por ello es conveniente, una

vez que hemos encontrado a nuestro mirlo blanco, tenerlo contento. Hay que definir cuáles son nuestras prioridades y, sin dejarnos «secuestrar», cumplir por ambas partes.

Después de mucho hablar con otras madres y padres en las mismas circunstancias, las **cualidades** de la buena cuidadora podrían ser:

- **Aspecto limpio.** Es importante, porque también será cuidadosa con los niños y las manipulaciones en la cocina.
- **Educada**. Los niños necesitan ser estimulados desde el nacimiento y que se les hable, se les mire y se les sonría. Al crecer, la persona que los cuida ha de hacer también de educadora.
- **Inteligente**. Ha de tener iniciativa. Puede haber momentos en que ella sola deba tomar una decisión importante, en una urgencia médica o un accidente.
- **Cariñosa**. El amor y el trato agradable son fundamentales para el desarrollo del ser humano desde la infancia.

Si algún hombre lee esto, se dirá: «¿Dónde está?, que me caso con ella». Sin bromas, la persona que se ocupa de nuestros hijos tiene que gustarnos, primero a nosotras y luego a ellos.

Lo ideal es haber encontrado nuestro ALTER EGO maternal antes de que se nos eche encima el día del fin de la baja; y haber convivido con ella para que conozca al bebé casi tan bien como nosotras. El cariño es la mejor garantía de buenos cuidados.

> La buena guardería

La opción más frecuente suele ser dejar a nuestro hijo en una guardería. Es fundamental encontrar un centro de confianza y que no sea un mero «aparcamiento» de niños. Tiene la desventaja de que los pequeños se contagian enfermedades continuamente unos a otros, sobre todo el primer año. Cuanto más tarde entren en este circuito de narices mocosas y gastroenteritis, mejor. Pero tiene muchas otras ventajas: socialización temprana, coste más reducido y, en la mayoría, inculcan buenos hábitos a los niños desde la cuna.

Si la ayuda es esporádica, se puede solucionar con una canguro por horas. Suelen ser chicas jóvenes, muchas veces estudiantes, que cuidan de los niños. Aunque no son profesionales, suelen ser, por lo general, muy cariñosas y estimulantes, pues se esfuerzan en agradar y jugar con los pequeños. Por el contrario, tienen menos experiencia y al estar contratadas por horas resulta una opción cara. Es una buena idea tener una «fichada» para salidas nocturnas o situaciones excepcionales.

> Quien tiene una abuela, tiene un tesoro

Es la solución del millón, de la que cada vez menos familias disfrutan porque no todas las abuelas están disponibles. La abuela, el ser más cariñoso, mejor preparado, el «top» de las canguros: económica, de total confianza, con experiencia demostrada, iniciativa y hasta con carnet de conducir.

Hace unos meses coincidieron varias publicaciones sobre la razón de la menopausia en las mujeres y no en otros animales, que conservan su facultad reproductora hasta la muerte. Hacían hincapié en la teoría siguiente: una mujer que ya no puede parir tiene tiempo para dedicarlo al cuidado de la prole de sus hijas.

Las abuelas han sido la clave de muchas mujeres trabajadoras, cuando no existían guarderías ni canguros, cuando trabajar era anecdótico o solo por necesidad.

En otros países, la mujer se incorporó masivamente al mundo laboral con una generación de ventaja sobre España. Aprovechemos lo único bueno de haber llegado tarde a muchas cosas: la abuela. Es más, compartámoslas. ¿Por qué no una red de abuelas en plenas facultades, jóvenes todavía y cariñosas, encargadas del cuidado de niños en sus casas? ¿Por qué no crear una fuente de ingresos suplementaria para estas señoras que han dedicado toda su vida al cuidado de sus hijos, y que ahora pueden criar a los hijos de sus hijos?

> Compartir siempre es bueno

También fuera de España, donde el servicio está a punto de extinguirse, está extendida la costumbre de «compartir» a la canguro. Tres días a la semana acude a una casa y los otros dos a la casa del otro niño. En cada hogar hay dos cunas y se reparten una silla doble, como las de los gemelos. Los niños tienen las ventajas del cuidado en el hogar combinadas con la socialización temprana. Imprescindible: vivir cerca.

2 Volver al trabajo

ARMAS DE MUJER

> El teléfono móvil

Los dos elementos imprescindibles en la vida de una madre trabajadora son estos: un móvil y una canguro. Su vida depende de ellos como las plantas de la luz del sol. Que nadie piense que estas páginas están subvencionadas por una de las compañías del sector de la telefonía móvil, pero si analizáramos las llamadas de las señoras que combinan los viajes de negocios con la cría infantil, seguro que al menos hay una llamada por la mañana y otra por la tarde para ver cómo van las cosas en el hogar. Desde el teléfono controlamos si la niña ha ingerido su toma de las tres y damos órdenes de que hoy no la bañen, que anda un poco resfriada. Y un móvil nunca está apagado cuando hay niños de por medio. Quedarse sin batería significa perder una llamada que nos avisa de una urgencia. No nos lo podemos permitir.

> La mano que mece la cuna

Los aficionados al cine recordarán películas como *La mano que mece la cuna* o *Diario de una niñera* en las que la persona encargada del cuidado de los niños tomaba un protagonismo excesivo (con estilos y resultados muy distintos en ambas películas).
En uno de los casos, la niñera se hacía el «ama» hasta aterrorizarlos a todos, tratando de suplantar a la madre; era una película de terror. En la otra, la niñera entraba en el selecto universo de las ricas familias del Upper East Side de Manhattan, donde los niños eran criados casi en exclusiva por sus *nannies* mientras las madres se dedicaban a importantes actividades tales como el yoga, los almuerzos entre amigas o la depilación brasileña.

Bueno, ni tanto ni tan calvo. Aquí no se estilan las niñeras al estilo de Manhattan, sino las canguros más o menos cariñosas y bien dispuestas. Los excesos se quedan más bien para el cine. Pero si hemos de dejar a nuestro más preciado tesoro con alguien desconocido no está de más que elijamos a la persona cuidadosamente.

Una vez elegida, tiene que convertirse en nuestra mejor amiga, nuestra aliada, nuestra cómplice: jamás en una rival. Los niños saben muy bien quién es su madre.

Y en el capítulo de los excesos, en algunos hogares (un documental emitido por la BBC hablaba de «moda») se controlaba en las casas hasta el punto de instalar cámaras conectadas a Internet para vigilar el cuidado de los hijos. Basta con una persona de probada confianza que, a la vieja usanza, sea cariñosa y vigilante con el recién nacido. Un niño que quiere a la persona que le cuida es la mayor garantía de que esta hace su trabajo como debe ser. Y para las que se sientan un poquito celosas, que recuerden lo que dice la sabiduría popular: «Madre, no hay más que una».

La misma regla de sentido común la podemos aplicar a la hora de elegir una guardería. Una visita a medio día, para ver cómo están los niños, insistiendo en visitar el comedor, la zona en la que duermen la siesta y juegan, nos ayudará a formarnos una idea bastante clara de cómo es el sitio. Valorar las instalaciones y su limpieza, así como la alimentación y, sobre todo, la distancia desde nuestra casa o nuestro lugar de trabajo son fundamentales a la hora de elegir la opción más apropiada para dejar a nuestros pequeños.

Si no nos convence, es mejor buscar otro lugar. A veces nuestra intuición es el mejor de los criterios.

No hay más que una

Es importante tener asegurada la infraestructura en el hogar para poder vivir sin ansiedad el retorno al trabajo. Hay mujeres que vuelven a su puesto laboral con un sentimiento de «liberación». No conviene sentirse culpable. El amor por un hijo no significa que no deseemos salir fuera de casa para retomar una actividad que nos resulta satisfactoria. Sin llegar a los extremos de las que afirman que están deseando que sea lunes para descansar, es cierto que las tareas de la casa y del cuidado de los niños pueden convertirse en rutinarias.

Por el contrario, tampoco hay que tener miedo de «perder» el afecto del bebé por dejarlo en otras manos. Los niños saben perfectamente quién es su madre. Demasiado pronto nos daremos cuenta de cómo abusan de nuestras debilidades. Y desde que nacen, los bebés reconocen a sus padres entre el resto de los seres humanos que los rodean. Incluso son capaces de diferenciar los cariños de mamá de los cuidados de las enfermeras en el nido.

Juegos malabares

Con todo previsto, habrá ocasiones en que nos sintamos como si tuviéramos tres pelotas en el aire y no pudiéramos dejarlas caer. Es necesario hacer malabarismos para conjugar la visita al pediatra con la reunión inaplazable o el viaje relámpago con la laringitis galopante. El teléfono y una persona de total confianza a la que recurrir en caso de emergencia —una abuela, hermana, amiga o amigo— serán la salvación de la mayoría de las madres a distancia.

La **culpabilidad**, ese sentimiento al que quizá hemos querido despistar en nuestros años de juventud, vuelve con más fuerza que nunca al ser madres. Culpabilidad porque pensamos que no le dedicamos todo el tiempo que debiéramos, porque hemos olvidado darle las gotas, porque nos hemos saltado una toma...; es necesario aprender a vivir con ello sin dejarse hacer mella. No hay madre perfecta, y tampoco las que lo son a tiempo completo pertenecen a esta categoría. Para mayor tranquilidad de las afectadas por este desasosiego, está comprobado que los hijos de madres trabajadoras al ser adultos no se sienten en modo

alguno diferentes de aquellos de madres «sus labores». La diferencia la marca el entorno social y económico más que el trabajo de la madre.

Por tanto, fuera culpabilidad.

> Calidad frente a cantidad

El amor y los cuidados no se miden por horas. Es evidente que es mejor dedicar más tiempo al bebé que a otras actividades, pero tampoco se deben desdeñar las atenciones exclusivas de una madre que llega a casa deseando pasar dos o tres horas

entregada completamente a su hijo. Por el contrario, hay madres que pasan todo el día en casa y se sienten hastiadas. Esta tampoco es la situación perfecta para estimular a un niño. Lo ideal es sentirse a gusto con lo que se haga. Si trabajamos fuera, dejar los problemas laborales en el ascensor y dedicar nuestro tiempo al pequeño que espera impaciente. Si trabajamos en casa, intentar separar las labores del hogar del tiempo dedicado en exclusiva al bebé. Estimularle, hablarle, cantar, leer, escuchar música, mirar fotos y, de paso, descubrir sus primeras sonrisas, sus primeros pasos, ver en definitiva sus progresos en directo y sin intermediarios.

Miedo a perder el tren

Hace un par de años empezó a hablarse del *downshifting*. Después de los yuppies (los jóvenes urbanos y profesionales), de los dinks («double income no kids», o sea, los que tienen dos sueldos y se lo gastan todo en viajes y cenas) y antes de los «bobos» (los burgueses bohemios), la tendencia era a la baja. ¿Para qué matarse a trabajar si uno no necesita más que un traje, un coche, una casa? ¿Y si reducimos nuestro consumo a lo realmente necesario y de paso ganamos tiempo, lo que es en verdad valioso?

Sin llegar a plantearlo como una nueva filosofía, es cierto que muchas mujeres que no quieren dejar su trabajo sí estarían dispuestas a reducir la duración de su jornada para disfrutar más de sus hijos y llevar directamente su educación. La práctica revela que es en realidad complicado echar el freno, en especial en puestos de cierta responsabilidad. Sobre todo porque en el mundo laboral no está aceptado que existan otras prioridades más allá de las estrictamente profesionales.

Un artículo periodístico publicado en el diario *El País* revelaba que en el sector de la banca están muy lejos de alcanzar la paridad en los puestos directivos. Una de las razones radica en la reticencia de la mayoría de las mujeres a alargar su jornada con salidas extra con los clientes, como cenas o copas. Esta menor disponibilidad parece decisiva a la hora de conseguir una promoción. Probablemente es injusto, pero aun sabiéndolo, estas mujeres no consideran tan valioso un ascenso como llegar a casa y compartir un cuento con sus niños o bañarlos. Y menos mal que es así, porque si no, a ver quién iba a pagar en el futuro las pensiones de estos mismos señores que consiguen escalar puestos a base de invitar a cogote de merluza a los clientes.

Y aunque una mujer es consciente de que su carrera puede ralentizarse por su menor disposición a las actividades extra, a permanecer en absurdas y eternas reuniones, a los viajes infinitamente largos, con toda probabilidad nunca lo lamentará. Y si sus jefes son sensatos, si cumple de sobra con su cometido, no tiene por qué ver cómo le pasan por delante los varones libres y disponibles a cualquier hora del día... y de la noche.

De cualquier manera, si este libro cae en manos de algún jefe sensible y padre de familia, que atienda a este consejo: qué mejor directora general que una señora que consigue hacer su trabajo, gobernar una casa y criar a un par de mocosos sin que se le caigan las pestañas postizas. Yo, desde luego, la promocionaría.

> Viajes profesionales

Si hay algo peor que dejar al bebé en casa y volver a casa a las siete de la tarde, es no volver a casa esa noche, ni unas cuantas noches más. La única vez que he llorado en un aeropuerto fue en la cola de facturación de un vuelo Madrid-Los Ángeles, detrás de una pareja con su bebé mientras el mío estaba en casa sin saber que su madre se largaba para dos semanas de intenso trabajo.

Los viajes profesionales nos harán bendecir el teléfono móvil. Con él, siempre estamos disponibles para cualquier consulta o emergencia que se presente en casa. Y gracias a él podemos llamar todas las veces que queramos, sin que se resienta nada más que nuestra cuenta bancaria.

Por otro lado, el viaje de una madre es un momento excelente para estrechar los lazos entre el bebé y... su padre. Si hasta ese instante se ha conformado con una rácana tercera plaza, por detrás de la madre y su cuidadora, es el momento para escalar posiciones y pasar al segundo puesto. E incluso compartir los laureles del centro del podio. En mi caso, di por buenas todas mis lágrimas cuando descubrí, a la vuelta, la enternecedora complicidad entre un bebé de cinco meses y su padre, que incluso se atrevía a enseñarme su truco para dormir al niño.

En cualquier caso, la implicación del padre en los cuidados y la educación del niño es fundamental. Pero en el caso de una madre trabajadora fuera del hogar, lo es aún más. Por fortuna, la mayoría de los hombres se implica voluntariamente en el cuidado de los hijos al cien por cien. Ya no es como antes, cuando daban un beso a papá, bañados y listos para ir a la cama. Y eso era todo. Hoy día, muchos padres no quieren perderse por nada del mundo el baño de sus hijos. Pero si hay alguien más incomprendido que una mujer que pretende trabajar y ejercer de madre es... un padre en las mismas circunstancias.

> Mamá está en viaje de negocios

Cuando el viaje es inevitable lo mejor es coger el toro por los cuernos, intentando estar fuera lo menos posible. Antes de lo que creemos, los bebés y los niños pequeños son capaces de comprender lo que pasa a su alrededor. Los manuales de pedagogía señalan que es mejor **explicar** al niño claramente lo que ocurre, aunque todavía no tenga ni una palabra en su vocabulario, que salir de puntillas hasta el ascensor. Crea mucha más angustia una madre que desaparece súbitamente y vuelve tres días después de Río de Janeiro como si tal cosa, que otra que le tranquiliza cada vez que sale explicándole que va a volver pronto y que van a jugar juntos mucho, mucho.

Para calmar nuestras conciencias, hay algunas **ventajas** en los niños criados de este modo «mixto». En primer lugar, son mucho más sociables. Vamos, que se van con el primero que llega, echándole los bracitos a Jack el Destripador si hace falta. Esto es una ventaja fruto de haber conocido una variada selección de canguros y parientes bien dispuestos desde la más tierna edad. Tendrán menos problemas a la hora de integrarse en un grupo.

La independencia a la que están acostumbrados desde pequeños les será muy útil para relacionarse con otros niños en el parque o en el colegio. Y poco más, pero de nada vale buscarle tres pies al gato. Los niños comprenden muy bien que existen obligaciones. Está bien que empiecen a saber que la semana tiene siete días y que en dos de ellos pueden disponer de sus padres en exclusiva.

Los pequeños dictadores

Uno de los problemas más frecuentes con los que se encuentran las madres trabajadoras fuera del hogar lo causa la mal llevada culpabilidad. El tiempo dedicado al bebé es sagrado y, a veces, se traduce en **permisividad excesiva**. En muchas ocasiones hemos oído a madres quejarse de que con ellas el niño no traga ni una cucharada de puré y que en la guardería rebaña el plato. Padres, duros negociadores en el terreno profesional, son peleles en manos de un bebé de dieciocho meses reacio a cortarse las uñas. Es verdaderamente difícil pasar las dos horas que consagramos a nuestros pequeños en una batalla para hacerles tragar o ponerse el pijama. Pero hay que ser conscientes de que también ellos lo utilizan para llamar nuestra atención.

Algunas madres llegan a sentirse **celosas** de las personas encargadas de cuidar a sus hijos. Unas veces sin razón y otras... hay quien, en su exceso de cariño hacia los pequeños, los trata como si fueran sus propios hijos, utilizando incluso los términos reservados para la relación paternofilial. Está muy bien que quieran a los niños, pero si existe algo que molesta en el trato, lo más indicado es hacérselo saber, con delicadeza. Seguro que lo comprenderán.

> Ser madre de siete a nueve

Es divertido observar a las madres en los parques. Es fácil distinguir, de un vistazo, las que se pasan el día cuidando de los hijos de aquellas que los recogen y llevan al parque cuando sus obligaciones profesionales se lo permiten.

A un lado están las madres *full-time*, en grupos —se conocen de todas las tardes—, conversando entre ellas y mirando con el rabillo del ojo a la prole. Y solo cuando Borjita o Carlota están a punto de perecer de un golpe de columpio pegan un grito de guerra que evita el fatal accidente. Sin mover una ceja, solo elevando el tono, aullando, vamos.

Del otro lado están las madres de siete a nueve, todavía con el bolso y el traje de ir a trabajar. Si pasan por casa a fin de ponerse algo más cómodo, pierden un tiempo precioso para dedicar al niño. No conocen a nadie, están más solas que la una, mirando a los grupitos que, a su vez, evalúan disimuladamente la pinta fuera de lugar de la mamá. Se pasa la tarde pegada al niño: subiéndole al tobogán, bajándole con cuidado de que no se vaya a caer, corriendo detrás para que no se escape en pos de una paloma. En fin, de un lado para otro encima de unos tacones inapropiados para el barrizal y con el bolso estorbando. Y aunque su pequeño se disponga a comerse todas las colillas de la papelera, no le dará un azote ni le levantará la voz.

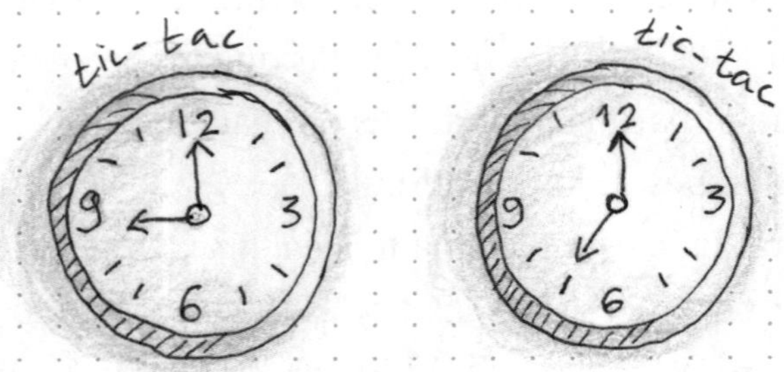

3 Antigua vida mía

> Recuperar el tiempo

Después de nueve meses de embarazo y unos cuantos más de puesta a punto, sentimientos nuevos y problemas, un día descubrimos que otra vez todo está bien. Hemos recuperado la rutina de nuestra antigua vida, pero con algo más. Un hijo que enriquece nuestra propia experiencia y hasta nuestra vida de pareja. Ha llegado la hora de terminar el trabajo que iniciamos con el embarazo, cuando preparábamos nuestro cuerpo y mente para el acontecimiento que tanto habíamos deseado.

Entonces, si no lo hemos hecho antes, es el momento de, poco a poco, volver a sanas y viejas costumbres como regalarse una tarde por semana para charlar con las amigas o leer tranquilamente. De planear escapadas de fin de semana a dúo sin sentirse mal por excluir al tercero. Los niños son adorables, pero hay que reservarse una pequeña parcela para una misma y para la pareja.

Algunas mujeres, cuando se convierten en madres, no pueden prescindir de esta condición nunca. Me explico: se es madre para toda la vida, pero no hace falta ejercer de «madre» las veinticuatro horas del día. También se es hija, amiga, esposa, compañera... y un ser humano completo del que nuestros hijos deben aprender, entre otras cosas, a desarrollar su individualidad. Si no se ha hecho antes, es el momento de cortar poco a poco el cordón umbilical.

> ¡Soy delgada!

A los pocos meses de dar a luz ya se puede estar de muy buen ver. Gracias a las dietas para perder peso, los ejercicios y las cremas, la silueta se recupera con rapidez. Otra cosa es la tonicidad de la musculatura y la firmeza de la carne. Esto tarda un poco más. Pero de repente descubriremos con satisfacción que todo está en el mismo sitio que ocupaba antes. Los vaqueros que no pasaban de medio muslo, a pesar de que la báscula no revelaba ningún kilo de más, se deslizarán sin problema. El ombligo al aire dejará de ser un tabú y hasta los biquinis minúsculos recuperarán una plaza merecida en el cesto de la playa.

A las satisfacciones que acompañan a la maternidad podemos añadir la de sentirnos a gusto con nuestro cuerpo, prácticamente el mismo que teníamos antes de dar a luz. Y en los casos en que haya habido algún daño «irreparable», como estrías muy visibles o músculos desgarrados, siempre podemos consolarnos pensando que, de todas maneras, el tiempo no perdona y estos males menores se deben a algo tan hermoso como llevar dentro de sí a un niño.

Con frecuencia, en las mujeres de constitución delgada no es necesario hacer ningún régimen para recuperar el peso anterior a la gestación. El trajín de la vida profesional con el «plus» del trabajo con el bebé hace que los kilos vuelen y nos encontremos casi con la necesidad de comer más que antes.

> Cansancio

Una amiga comentaba hace poco que era capaz de reconocer de un golpe a los padres recientes: «siempre están cansados». Una de las consecuencias lógicas de la combinación de trabajo fuera del hogar con los nervios del cuidado del primer bebé es una sensación de cansancio más que real. Conviene visitar al médico si esta fatiga persiste; puede indicar algún trastorno leve al que se haya de combatir. De cualquier manera, resulta muy útil seguir tomando el preparado vitamínico recetado por el doctor para la gestación un par de meses después del parto, con mayor razón si la lactancia es materna.

El trabajo fuera del hogar «quema» y el de dentro cansa: a las nueve de la noche nos encontraremos con las «pilas» a punto de extinguirse. Lo mejor, dar por terminada la jornada y a dormir.

> Ser dos de nuevo

Durante muchos meses hemos estado inmersas en la ardua tarea de criar a un bebé. En numerosas noches el plan consiste en llegar a casa y después de bañarlo darle de cenar, conseguir por fin que se duerma, musitar un «buenas noches» de ser exhausto a ser exhausto y caer en la cama en un sueño de lo más profundo. Los fines de semana, más o menos igual, trufados con salidas al parque, renovación del vestuario infantil —hay que ver la velocidad a la que crecen los niños el primer año—, etcétera, etcétera, tampoco dan para mucho.

Cuando el bebé que ha acaparado nuestros pensamientos y obras, un día, se pone a jugar él solo y comprobamos con alivio que empieza a convertirse en un ser humano con rasgos de independencia, podemos decir que ha llegado el momento de ser dos otra vez. Recuperar las conversaciones que no solo traten del rey o reina de la casa, salir con cierta regularidad, y hasta hacer alguna escapada, se convertirán en placeres con un encanto aún mayor del que tuvieron antes.

Es curioso por qué los niños ocupan tanto espacio, en la casa y en nuestro corazón, que hasta los lobos más solitarios encuentran la casa vacía, una vez que son padres, si al llegar por la noche no encuentran a su lobezno. Y aunque parezca poco correcto decirlo, y mucho menos escribirlo, qué gusto da estar solos en la casa de vez en cuando, sabiendo que el bebé está perfectamente cuidado en casa de unos abuelos consentidores.

La gran ilusión: trabajar en casa

Una de las fantasías de casi todas mis amigas consiste en convertirse en alguien muy respetado en esto de las letras para instalarse un despacho en casa y trabajar de diez a dos y de cuatro a siete mientras los niños corretean por la planta de abajo. Si hay alguien que consigue escribir más de un párrafo por la mañana y otro por la tarde con solo un vástago bajo el mismo techo, por favor, que se ponga en contacto con esta editorial.

Ahora que tanto se habla de Internet, el teletrabajo, el futuro sin oficinas materiales y con trabajadores conectados desde sus hogares..., seguro que quienes sostienen estas teorías no lo han intentado con un bebé —con dos, que ni se lo planteen— al alcance del ordenador.

Si el niño está en sus primeros meses de vida, entre darle el pecho o el biberón, hacerle echar el aire y cambiarle el pañal, nos quedarán unos tres cuartos de hora entre toma y toma. O se es Lope de Vega, que batía récords de velocidad de escritura, o no hay página que valga.

Si ya podemos meterle en el parque, nos resultará difícil separar los ojos de sus manitas llevándose todo a la boca.

Y si ya anda, mejor olvidarse.

4

Cuando las aguas han vuelto a su cauce...

¿Y si tenemos otro niño?

La pregunta del millón llega cuando todo parece que ha vuelto a su cauce. Se recobran las fuerzas para recorrer el camino de los nueve meses con todo lo que viene después. No es por asustar a nadie, pero si dicen que uno más uno no son dos sino once, de ser tres a cuatro hay un abismo tan grande como el de las cataratas del Niágara.

Gracias a Carol
por plasmar en ilustraciones
esta maravillosa aventura;
a Carmen, Rebeca y Diego,
de Martínez Roca,
por lanzarse, con nosotras,
sin paracaídas; y por supuesto,
a la ginecóloga Isabel Andreu,
a la fisioterapeuta Virginia Urcelay
y a la matrona Mari Luz Benavent,
de la Fundación Jiménez Díaz,
por asesorarme, en su momento,
para no meter la pata...
pero sobre todo a las mujeres
que tratan de ser mujeres en toda
su dimensión, ¡y lo consiguen!

ANA GARCÍA-SIÑERIZ

Fin

BIOGRAFÍAS

Ana y Carolina García-Siñeriz son hermanas y este libro es el primer fruto de su colaboración en el terreno editorial.

Ana García-Siñeriz es periodista y escritora, muy conocida por su trabajo en televisión desde hace más de dos décadas (*Lo+plus*, *Magacine*, *Channel n.º4*, *Matinal 4*). Colaboradora habitual de medios de comunicación, ha publicado la novela *Esas mujeres rubias* además de ser la autora, junto al ilustrador Jordi Labanda, de la exitosa colección infantil *La banda de Zoé*.

Carolina García-Siñeriz es licenciada en Psicología. En la actualidad combina su trabajo como directora creativa en una agencia de publicidad con la ilustración, sus labores de madre y el cuidado de sus animales, entre los que se encuentra Canito, el perro que inspira al de este libro. Su devoción por los animales se refleja en su delicado trabajo como ilustradora, lleno de poesía y de fino sentido del humor.

Entre las dos suman tres hijos, dos gatos y cinco perros, con un benjamín en la familia, Eric, de tan solo un año. Ambas son un ejemplo de que es posible sobrevivir siendo madre trabajadora nueve meses y un día, e incluso más.